I0888832

CLASSIQUES EN POCHE

Collection dirigée par Hélène Monsacré

Dans la même collection

1. Aristophane, *Lysistrata*.
2. Aristote, *Constitution d'Athènes*.
3. Cicéron, *L'Amitié*.
4. Platon, *Alcibiade*.
5. Suétone, *Vies des douze Césars, Claude ~ Néron*.
6. Plotin, *Première Ennéade*.
7. Eschyle, *Les Sept contre Thèbes*.
8. Platon, *Critias*.
9. Aristote, *La Poétique*.
10. Horace, *Odes*.
11. Pline l'Ancien, *Histoire Naturelle, XXXV, la Peinture*.
12. Virgile, *Bucoliques*.
13. Platon, *Ménexène*.
14. Tacite, *Vie d'Agricola ~ La Germanie*.
15. Platon, *Protagoras*.
16. Sophocle, *Antigone*.
17. Sénèque, *La Vie heureuse ~ La Providence*.
18. Cicéron, *Le Bien et le Mal, De finibus, III*.
19. Platon, *Gorgias*.
20. Hérodote, *L'Égypte, Histoires, II*.
21. César, *Guerre des Gaules, I-II*.
22. Ovide, *Les Amours*.
23. Plotin, *Deuxième Ennéade*.
24. Sophocle, *Œdipe Roi*.
25. Tite-Live, *Histoire romaine, I, La Fondation de Rome*.
26. Virgile, *Géorgiques*.
27. Pseudo-Sénèque, *Octavie*.
28. Catulle, *Poésies*.
29. Aristote, *Politique II*.
30. Aristophane, *Les Guêpes*.
31. Homère, *Iliade, chants I à VIII*.
32. Euripide, *Les Bacchantes*.
33. Plaute, *Pseudolus*.
34. Tertullien, *Apologétique*.
35. Homère, *Iliade, chants IX à XVI*.
36. Platon, *Phèdre*.
37. Homère, *Iliade, chants XVII à XXIV*.
38. Salluste, *La Conjuration de Catilina*.
39. Cicéron, *Pro Milone*.
40. Platon, *Lysis*.
41. Plotin, *Troisième Ennéade*.
42. Diogène Laërce, *Vie de Platon*.
43. Pline l'Ancien, *Histoire naturelle, XXXIII, Nature des métaux*.
44. Pétrone, *Satiricon*.
45. Apulée, *Apologie*.
46. Lucien, *Alexandre ou le faux prophète*.
47. Plutarque, *Les Vies parallèles. Alcibiade ~ Coriolan*.
48. Démosthène, *Sur la Couronne*.
49. Euripide, *Hécube*.
50. Mamertin, *Panégyriques de Maximien (289 et 291)*.
51. Platon, *Hippias mineur*.
52. Xénophon, *Anabase, I-II*.
53. Suétone, *Vies des douze Césars, Tibère ~ Caligula*.
54. Salluste, *La Guerre de Jugurtha*.
55. Eschyle, *Les Perses*.
56. Sophocle, *Ajax*.
57. Horace, *Satires*.
58. Homère, *Odyssée, chants I à VII*.
59. Homère, *Odyssée, chants VIII à XV*.
60. Homère, *Odyssée, chants XVI à XXIV*.
61. Juvénal, *Satires*.
62. Cicéron, *De la vieillesse (Caton l'Ancien)*.
63. Julien, *Misopogon*.
64. Aristote, *Économique*.
65. Pline l'Ancien, *Histoire naturelle*, XXX, *Magie et pharmacopée*.

EURIPIDE

HÉLÈNE

Texte établi et traduit par Henri Grégoire
Introduction et notes par Françoise Frazier

LES BELLES LETTRES

2007

Dans la même collection (suite)

66. Platon, *Apologie de Socrate*.
67. Eschyle, *Les Suppliantes*.
68. Christopher Marlowe, *La Tragique Histoire du Docteur Faust*.
69. *La Bhagavad-Gîtâ*.
70. Ben Jonson, *Volpone ou le Renard*.
71. William Shakespeare, *Richard II*.
72. William Shakespeare, *Les Joyeuses Commères de Windsor*.
73. Pierre Gassendi, *Vie et mœurs d'Épicure*, vol. I.
74. Pierre Gassendi, *Vie et mœurs d'Épicure*, vol. II.
76. John Webster, *La Duchesse d'Amalfi*.
77. Jean Second, *Les Baisers* - Michel Marulle, *Épigrammes*.
78. Plutarque, *Sur les oracles de la Pythie*.
80. Hérodote, *Marathon, Histoires*, *VI*.
81. Sénèque, *Lettres à Lucilius, livres III et IV*.

Ce texte et la traduction sont repris du volume correspondant dans la Collection des Universités de France (C.U.F.), toujours disponible avec apparat critique et scientifique.
(Euripide, Tragédies, *tome V, 5e tirage, 2002)*

Tous droits de traduction, de reproduction et d'adaptation réservés pour tous les pays

© 2007, Société d'édition Les Belles Lettres,
95 bd Raspail 75006 Paris.
www.lesbelleslettres.com

ISBN : 978-2-251-79975-9

Introduction

La « nouvelle Hélène [1] »

par Françoise Frazier

Τὴν καινὴν Ἑλενην μιμήσομαι : c'est ainsi qu'Aristophane, dans les *Thesmophories* (v. 850), fait parler le parent d'Euripide, Mnésiloque, attendant désespérément que le tragique vienne le tirer du mauvais pas où il l'a mis en l'envoyant espionner les femmes, prélude à une hilarante parodie (846-928), où tous deux, l'un jouant Hélène et l'autre Ménélas, essaient de tromper la femme chargée de surveiller son prisonnier – et qui se révèle bien plus ironique et redoutable que l'Égyptien Théoclymène [2], puisque cette première tentative, vaine, devra être suivie un peu plus loin d'un second essai, non moins infructueux, parodie cette fois de l'*Andromède* (1008-1135), jouée en même temps que l'*Hélène*, en 412 [3]. C'est dire que cette pièce est une des dernières

1. Pour les références des auteurs modernes cités on se reportera à la bibliographie donnée *infra* ; ne seront indiquées que les études trop particulières pour y figurer.

2. Cf en particulier, répliquant au v. 850, 853 : Πικρὰν Ἑλένην ὄψει τάχ', εἰ μὴ κοσμίως | ἕξεις...

3. C'est le vers 1061 qui nous dit que l'*Andromède* est de l'année précédente, et la scholie à ce vers qui précise qu'*Hélène* fut jouée en même temps. D'autres scholies (*Lys.* 962 et *Gren.* 53) donnent la date de 412 pour *Andromède*.

d'Euripide, qui meurt six ans plus tard [1], une de celles qui a particulièrement intéressé et intrigué les critiques modernes, alors qu'elle n'a plus guère d'échos à partir de l'époque alexandrine [2] : l'évolution du genre tragique pose pour nous le problème de la nature du théâtre tardif d'Euripide, qui semble se rapprocher de la comédie, du drame ou du mélodrame [3], cultivant le romanesque, le goût de l'innovation, voire de l'« expérimentation [4] ».

Les critiques anciens [5], influencés sans doute par la préférence qu'affiche Aristote pour le retournement du bonheur au malheur, ont eux-mêmes suggéré, sur la seule base du dénouement heureux, qu'*Alceste* et *Oreste* avaient tendu à se rapprocher de la comédie ; on trouve cette note critique dans le second argument conservé d'*Alceste* [6], qui a gardé la forme des arguments alexan-

---

1. Les seules pièces conservées sûrement postérieures sont les *Phéniciennes* (410 ou 409), *Oreste* joué en 408, et, en 405, posthumes, *Iphigénie à Aulis* et les *Bacchantes*.

2. Sur sa survie jusqu'au moyen-âge byzantin, voir KANNICHT, t. I, 79-93 ; il note en particulier que, si la pièce semble avoir été assez lue aux IVᵉ et IIIᵉ s. av. J.-C., son influence n'est plus guère notable ensuite. Elle cesse d'être disponible apparemment vers le IIIᵉ s. ap. J.-C. – son dernier lecteur aurait été un des Philostrates.

3. Gœthe, dont le regard est autant celui d'un créateur que d'un critique, le note dans une lettre à Humboldt (26/5/1799) : *Was wir neulich bei Durchlesung der Euripideischen Stücke zu bemerken glaubten : daß sich nämlich zu der Zeit dieses Autors der Geschmack schon offenbar nach dem was wir Drama nennen hinneigte. Die Alkeste ist auffallend von dieser Art, sowie der Ion, die Helena und mehrere.*

4. Voir en particulier F. M. DUNN et M. FUSILLO.

5. Mais qui ne sont pas antérieurs à la période alexandrine.

6. CUF, t. I, p. 55 : Τὸ δὲ δρᾶμά ἐστι σατυρικώτερον ὅτι εἰς χαρὰν καὶ ἡδονὴν καταστρέφει παρὰ τὸ τραγικόν [la pièce a en effet tenu lieu, autant que nous le sachions, de drame satyrique]. Ἐκβάλλεται ὡς ἀνοίκεια τῆς τραγικῆς ποιήσεως ὅ τε Ὀρέστης καὶ ἡ Ἄλκεστις, ὡς ἐκ συμφορᾶς μὲν ἀρχόμενα, εἰς εὐδαιμονίαν δὲ καὶ χαρὰν λήξαντα, <ἅ> ἐστι μᾶλλον κωμῳδίας ἐχόμενα. Ce critère ne semble cependant pas déterminant si l'on songe aux

drins, où intervenaient des considérations littéraires ; l'association avec *Oreste* est intéressante, mais on ne peut rien conclure de l'absence d'*Iphigénie en Tauride, Ion* et *Hélène*, pièces à dénouement heureux, si l'on se rappelle que ces trois pièces, au contraire d'*Alceste* et *Oreste*, ne faisaient pas partie du choix scolaire, vraisemblablement constitué vers l'époque d'Hadrien [1]. Cette exclusion fait d'ailleurs que nous ne les possédons que par miracle, grâce à deux manuscrits [2], qui portent, en plus de tout ou partie des pièces du choix, les vestiges de l'édition alphabétique alexandrine, avec dix pièces représentant les lettres E H I K [3] et qui sont dépourvues de scholies. Il n'est pas inutile non plus d'opposer ces exclusions à l'emploi que fait Aristote de l'*Iphigénie en Tauride* dans sa *Poétique*, où elle sert à plusieurs reprises de référence [4].

Ces changements de goût, fussent-ils ceux des Anciens, doivent appeler à la plus grande prudence dans l'examen des problèmes littéraires, et singulièrement des

---

dénouements des *Euménides* ou du *Philoctète*, que personne, à ma connaissance, n'a jamais considérés comme des comédies !

1. Voir introduction générale à la CUF, *Euripide*, t. I, p. XX, où Méridier cite les pièces dans l'ordre des manuscrits ; si on les replace dans l'ordre chronologique probable, peut-être plus parlant pour nous, il s'agit de *Alceste, Médée, Hippolyte, Andromaque, Hécube, Troyennes, Phéniciennes, Oreste, Bacchantes*, à quoi s'ajoute le *Rhésos*.

2. Dont l'un dépend de l'autre, si bien que le seul manuscrit auquel il sera fait éventuellement référence dans les notes est L (*Laurentianus* XXXII 2 du début du XIVe s.).

3. Soit Ἑλένη, Ἠλέκτρα, Ἡρακλῆς, Ἡρακλεῖδαι, Κύκλωψ, Ἱκέτιδες, Ἴων, Ἰφιγένεια ἐν Ταύροις, Ἰφιγενεια ἐν Αὐλίδι.

4. *Poet.* 11. 52 b 5-8 (à propos de la reconnaissance) ; 14. 54 a 7 (meilleure combinaison qui, par la reconnaissance, évite le crime) ; 16. 54 b 30-36 (critique de la manière dont Oreste se fait reconnaître), 55 a 16-19 (éloge de la reconnaissance d'Iphigénie par le procédé de la lettre) ; 17. 55 b 1-15 (exemple choisi pour montrer ce qu'est le canevas de départ dans la composition).

problèmes de classification, tellement plus importants pour les érudits que pour les créateurs, à moins qu'ils ne veuillent jouer des conventions de leur époque. Mieux vaut essayer, autant que faire se peut, de considérer d'abord les choses du point de vue d'Euripide et de ses contemporains. Cette année-là donc, il avait choisi, pour au moins deux de ses pièces, une intrigue construite autour de la délivrance de l'héroïne [1] et, pour *Hélène*, repris un schéma général déjà employé dans l'*Iphigénie en Tauride*, où l'argument choisi, légende étiologique du culte d'Artémis Tauropole à Brauron, n'était déjà pas des plus courants, et qu'il réutilise ici pour créer sa « nouvelle Hélène ».

AUX SOURCES DE LA « NOUVELLE HÉLÈNE [2] »

Ce dont témoigne la parodie d'Aristophane, au-delà du grossissement comique du trait et même si καινός peut aussi suggérer le caractère récent de la pièce, c'est de l'impression qu'avait dû faire cette Hélène euripidéenne sur les spectateurs, frappés sans doute par son originalité. Et il est vrai qu'une Hélène-Pénélope, transportée en Égypte par Hermès et confiée à la garde du vertueux Protée, tandis que Pâris enlevait un fantôme, fuyant, comme la sage épouse d'Ulysse, le prétendant pressant que lui a suscité la mort de Protée, et réfugiée au tombeau du roi défunt dans l'attente, de plus en plus désespérée, de la venue de Ménélas-Ulysse, son seul espoir de salut, avait de quoi surprendre. Non point qu'Euripide

1. Pour *Andromède*, voir T. B. L. WEBSTER, *The Tragedies of Euripides*, Londres, 1967, 192-199.

2. Pour tous les textes-sources cités ici, voir *infra* l'appendice « Sources et descendance ».

eût inventé cette version – tout juste l'a-t-il peut-être réagencée : on sait par Platon que, dans sa palinodie, le poète lyrique sicilien, qu'on situe au tournant des VIIe et VIe siècles, Stésichore d'Himère, avait chanté une Hélène innocente, dont seul le fantôme était allé à Troie ; on ne sait pas en revanche si déjà il transportait la « vraie » en Égypte, la seule attestation que nous en avons se trouvant dans un papyrus très postérieur qui peut avoir été influencé par la pièce d'Euripide [1], mais une Hélène allée en Égypte était bien attestée, par l'*Odyssée*, d'après laquelle le couple y était passé au retour de Troie, et par Hérodote, qui, au contraire, fait faire relâche à Pâris chez Protée, lequel, indigné de l'outrage fait par le Troyen au Zeus hospitalier, retient chez lui la belle victime pour la rendre à son époux s'il se présente et lorsque celui-ci se présente en effet, le sang coule, par la faute du Grec, qui, pour obtenir des vents favorables, sacrifia deux enfants [2].

Est-ce Euripide qui contamine ces divers éléments ? En tout cas il paraît avoir eu à l'esprit les grands traits de l'intrigue dès l'*Électre*, qu'on a longtemps située l'année précédant l'*Hélène*, en 413, et qu'on place désormais plutôt aux environs de 419 : dans l'*exodos*, il fait en effet expliquer à Oreste par les Dioscures qu'Hélène et Ménélas, tout juste revenus d'Égypte où Hélène attendait depuis le début de la guerre de Troie, s'occuperont des funérailles de sa mère. Une telle intrigue témoigne de son goût pour la version rare d'un mythe, voire l'innovation

1. *P. Oxy.* 2506 fr 26 col i.

2. Pour une étude détaillée des trois Hélènes antérieures à celle d'Euripide (Homère, Stésichore, Hérodote) voir N. AUSTIN. Il existait aussi une variante d'Hellanicos – en gros, contemporain d'Hérodote – qui blanchissait Ménélas, lequel aurait tué le roi Thôn qui voulait garder Hélène (*FrGrH* 4, 153) et préfigurait ainsi le personnage de Théoclymène, inventé par Euripide.

– ce qui a été dit d'*Iphigénie en Tauride* vaut aussi pour la légende d'Ion, obscur éponyme des Ioniens, pour ne pas parler de la version « campagnarde » d'Électre, qui est sans doute totalement de son invention [1], ou de la réunion dans les *Phéniciennes* de la famille des Labdacides au grand complet [2], mais il faut immédiatement nuancer et ne pas oublier que cette « innovation » remonte au moins en partie à Stésichore et que la substitution d'un *eidôlon* est un procédé déjà utilisé par les dieux de l'*Iliade* pour sauver un de leurs favoris [3]. C'est aussi le mot qui désigne la forme inconsistante des défunts, Patrocle, qu'Achille ne peut enlacer (*Il.*, XXIII, 104), ou Anticléia, qui, de même, échappe à l'étreinte d'Ulysse dans la *Nekyia* (*Od.*, XI, 213 [4]) : s'esquisse ainsi un troublant jeu entre monde des morts et monde des vivants, où Euripide peut faire se rencontrer et se heurter l'univers de l'*Iliade* – celui d'où revient Ménélas et où Hélène n'est pas allée – et l'univers de l'*Odyssée* – celui dont relève davantage Hélène, fidèle comme Pénélope, à l'écart du monde des vivants en Égypte comme Ulysse chez Calypso [5],

1. Je ne cite à dessein que des pièces de la même période.

2. Si, en gardant Œdipe en vie, il revient à la version homérique, en revanche la survie de Jocaste, suicidée dès la *Nekyia*, est une innovation. Le sacrifice volontaire de Ménécée de même n'est ainsi présenté que par lui – et correspond à un thème qui lui est cher.

3. L'exemple le plus clair est celui d'Apollon en V 449 et 451, remplaçant Énée par un *eidôlon*, ou, avec une variante qui évoque plus l'enlèvement d'Hélène par Hermès, Aphrodite enveloppant Pâris dans un nuage pour le dérober à Ménélas en III 381 ; on peut encore songer à la légende d'Ixion, s'unissant à un fantôme d'Héra (*2ᵉ Pythique*).

4. À côté de ce terme, employé pour désigner l'apparition douloureuse qu'aurait envoyée Perséphone, sont employées aussi des comparaisons avec ombre ou songe (XI, 207 et 222) ; εἴδωλον se retrouve dans la bouche d'Achille au vers 476.

5. Dont le nom fait à la fois celle qui protège et celle qui ensevelit : voir M. CASEVITZ, « Calypso et καλύπτειν », *L'Univers épique. Actes*

ingénieuse comme ce même Ulysse [1] ; il peut aussi créer un jeu inextricable entre réalité et apparence, superposant aux éléments traditionnels, qu'il conserve, une relecture au contraire très « moderne », inspirée des sophistes [2] ; de ce mélange curieux, la scène de Teucros donne une première idée, puisque, se modelant cette fois sur les *Chants Cypriens*, Euripide y évoque un Ménélas qui aurait empoigné par les cheveux l'*eidôlon*, doté tout à coup d'une consistance pour le moins inhabituelle [3] (116) et met dans la bouche du frère d'Ajax, en réponse aux mises en garde d'Hélène contre ce qui n'est peut-être que « semblance », une affirmation péremptoire sur la sûreté de la perception (122), où yeux et *nous* se confortent réciproquement, et qui, pour être obscure – et démentie par la pièce –, n'en cite pas moins Épicharme. Il faut ajouter, pour être complet, que la belle Hélène avait déjà fait l'objet d'un traitement moderne dans l'*Éloge d'Hélène* que lui consacra Gorgias, apologie plus qu'éloge, fit remarquer Isocrate en reprenant au IVe s. le sujet pour célébrer la beauté, au lieu que le sophiste de Leontinoi, dans le cadre des réflexions sur la culpabilité comme sur le pouvoir de la parole, disculpait « l'accusée » en montrant qu'elle avait agi sous la contrainte : pouvoir des dieux, de la parole, ou de la passion, à aucun un humain ne saurait résister [4].

Une telle perspective inspire l'agôn des *Troyennes*, où

---

du Colloque de l'ENS sur la poésie (1987), éd. par M. Woronoff, Besançon, 1992, 81-103.

1. Sur ce jeu entre *Iliade* et *Odyssée*, voir en particulier Ch. SEGAL.

2. Voir, outre Ch. SEGAL, F. SOLMSEN, le précurseur, et, de façon plus récente, S. NOVO-TARAGNA, S. G. MELTZER et surtout B. CASSIN.

3. Pouvait-il s'autoriser du précédent de la Nuée dont Ixion eut le Centaure ? On est en tout cas en pleine contamination.

4. Sur la « culpabilité » d'Hélène et le problème de la responsabi-

s'affrontent Hélène et Hécube, mais ici Hélène est à la fois innocente et coupable et la pièce présente un mélange inextricable de tradition et d'innovation, essentiel pour le brouillage du sens [1], dans lequel on peut voir une forme de la tendance plus générale à la complication montrée par Euripide et qu'on aurait tort de réduire à un procédé littéraire. Reflet de la complexité du monde, elle se retrouve en particulier dans la prolifération des personnages secondaires, des humbles qui cherchent à comprendre ou simplement à bien agir, et, plus encore, dans l'élaboration même de l'intrigue. Cherchant à établir une sorte de grille des situations dramatiques, comparable à ce qu'ont pu faire les narratologues pour les schémas narratifs, R. Lattimore a proposé de distinguer deux pôles, l'un qu'il définit comme « pôle de la découverte », qui implique une action tournée vers le passé (un mensonge pèse sur l'univers tragique – enfants exposés, personnages qu'on croit disparus, oracle mal interprété ou négligé – et va être dévoilé au cours de l'action) et détermine des « *truth-stories* », l'autre, tourné vers l'avenir et une action nouvelle, qui serait celui du « choix », amenant sur scène, moins souvent d'ailleurs une prise de décision que la réalisation de celle-ci, vengeance, sacrifice, salut. Les deux naturellement ne s'excluent pas, mais leur combinaison va dans le sens d'une plus grande complexité, et c'est ce choix que fait Euripide dans notre pièce, associant reconnaissance et plan de salut.

---

lité, voir S. SAÏD, *La Faute tragique*, Paris, 1978, en particulier pour Gorgias, 193-198 et 253-256.

1. Sur ce point l'étude de K. REINHARDT reste fondamentale.

Ces deux motifs se trouvaient déjà dans *Électre*, mais ce n'était guère qu'un héritage des *Choéphores* et la reconnaissance n'y a aucun relief particulier – alors que Sophocle, en la différant, tire un effet dramatique puissant de la fausse nouvelle de la mort d'Oreste et du désespoir de la sœur. Cette association devient au contraire un schéma d'action sur lequel le poète peut broder toute une série de variations avec *Iphigénie en Tauride* ou *Ion*, dont il faut dire quelques mots, même si c'est à l'évidence dans le moule d'*Iphigénie* qu'a été coulée *Hélène*. Alors que, dans *Iphigénie*, un certain équilibre entre reconnaissance et salut semble atteint, c'est au contraire la reconnaissance qui concentre l'intérêt dans *Ion*, dédoublée en « fausse reconnaissance », celle de Xouthos et d'Ion voulue par Apollon (1-675), qui cherche à faire rentrer son fils à Athènes en le faisant passer pour celui du roi – autre forme de falsification, comparable à la création d'un *eidôlon* ? –, puis enfin vraie reconnaissance, avec Créuse cette fois, mais bien tard, à l'*exodos* (1250-1622) ; entre les deux se glisse le plan, non de salut, mais de vengeance de la reine ulcérée, qui manque de lui faire tuer son fils (725-1249). Si cette menace de crime familial rapproche la pièce d'*Iphigénie*, le dédoublement et les affres de la réunion des héros annoncent l'univers de l'*Hélène*.

D'IPHIGÉNIE EN TAURIDE À HÉLÈNE

En passant en effet d'*Iphigénie* à *Hélène*, Euripide ne se contente pas de reprendre un schéma qui a réussi [1],

1. C'est le point de vue de H. GRÉGOIRE dans sa présentation de la CUF (t. V, p. 36-37).

ni de composer une variation de virtuosité[1] : il crée, autour du personnage extraordinaire de l'Hélène qui n'est pas allée à Troie, du négatif de l'héroïne homérique avec laquelle s'établit un jeu vertigineux de copie et d'original, un univers unique, et le même schéma qui avait permis l'élaboration de la tragédie fondée sur la légende étiologique d'un culte attique en marge des grandes légendes des Atrides qu'est *Iphigénie* aboutit ici à la double création d'une tragédie de l'apparence et du prototype des romans d'amour, où la beauté est source de malheur, mais où le couple fidèle des héros finit par triompher. Il peut sembler tentant d'attribuer chacun de ces aspects à une des parties de la pièce, mais c'est sans doute simplifier quelque peu les choses, ou plutôt c'est mettre l'accent sur une sorte d'hiatus littéraire, de raccord maladroit entre deux types d'action, au lieu de l'inscrire dans le jeu de renversement constitutif de cet univers instable, où le chœur évoque « le divin qui bondit, ici, puis là, puis encore à rebours en *tychai* (occurrences) qui contredisent l'espoir et la raison » (1140-1143), après qu'Hélène elle-même a suggéré que « le malheur d'autrefois peut tourner heureusement » (1082).

Cette incertitude, qui prévaut jusque dans l'heureux dénouement – le bonheur n'est-il pas réservé qu'aux héros et les malheurs de Troie ne sont-ils pas ineffaçables ? – et semble consubstantielle à cette pièce très particulière ressort mieux encore si on la compare avec son « modèle ». Faire se retrouver un frère, qu'un rêve mal interprété fait croire mort, et une sœur, qui passe pour morte, n'est pas la même chose que faire admettre à un

1. C'est l'impression qui se dégage de l'étude, très fouillée, de K. MATTHIESSEN, peut-être parce que son objet est avant tout l'établissement de la chronologie

époux qui a à ses côtés l'épouse reconquise de haute lutte que cette épouse est un fantôme et que la vraie l'attendait en Égypte. L'*eidôlon* implique un jeu de dédoublement et une mise en question du réel totalement absents d'*Iphigénie* et qui justifient une construction dramatique où chaque scène est comme redoublée ; ainsi là où il suffit des 122 vers du prologue pour présenter la sœur, sortie du temple sous l'effet de l'angoisse provoquée par son rêve, et qui y rentre préparer des libations à son frère, puis celui-ci, qui arrive avec Pylade avant la *parodos*, et donc sur une scène vide, il faut 514 vers à l'*Hélène* pour faire la même chose, 384 pour l'héroïne, qui occupe le prologue, la *parodos* et la première partie du premier épisode, et 130 à Ménélas, qui entre sur la scène restée vide après la sortie, exceptionnelle, du chœur pour escorter Hélène chez Théonoé. En outre, malgré les différences de longueur, la structure des deux parties entre dans un frappant jeu de réponses : on a d'abord un grand discours qui évoque les malheurs du personnage, son naufrage et ses espoirs de retour pour Ménélas [1] (385-436), son arrivée en Égypte et la promesse d'Hermès pour Hélène dans le prologue (1-67) ; puis Ménélas se heurte à la vieille portière, en un dialogue (437-482) symétrique du dialogue entre Hélène et Teucros (68-163), et qui lui inspire un monologue plein de perplexité (597-621), comparable au désespoir exhalé par Hélène après les nouvelles rapportées par le frère d'Ajax (252-305 [2]).

1. On peut noter la ressemblance entre son invocation d'entrée à Pélops (385 sq) et l'évocation initiale d'Atrée par Iphigénie (*IT* 1 sq) qui donne à ce premier discours des allures de second prologue.

2. Discours suivi d'un bref dialogue avec le chœur – qui ne peut avoir de pendant du côté de Ménélas, puisqu'il est seul ! – et qui l'amène à sortir.

Cette simple analyse fait apparaître un premier « ajout » par rapport à *Iphigénie*, ou, à tout le moins, une transformation significative. Oreste y apparaît immédiatement dans la seconde partie du prologue, mais avant qu'il se retrouve face à sa sœur, il y a un épisode intermédiaire, au cours duquel un bouvier vient raconter la capture des deux étrangers. Ici aussi un personnage vient donner des nouvelles, mais ce n'est pas un indigène, comme le bouvier, c'est un Grec, et il se présente avant Ménélas. De plus, les nouvelles qu'il apporte, rumeurs qui circulent en Grèce, sont fausses et ne font qu'enfoncer Hélène dans le malheur et dans l'erreur, car si Ménélas ne voudra pas croire ses yeux, elle se fie à l'inverse et symétriquement sans la moindre hésitation aux bruits de la mort de son époux pour aboutir par la voie opposée à un résultat tout aussi faux. Ainsi, par deux fois, elle se retrouve face à un nouvel arrivant, Teucros d'abord, puis Ménélas [1] – lequel, à travers les paroles énigmatiques de la vieille, s'est déjà heurté à son nom, avant de se retrouver nez à nez avec elle. Et, tandis que Teucros, pour ce qu'il juge une ressemblance physique, voudrait d'abord la tuer (74-77), puis la bénit au contraire de la façon la plus ironique qui soit, en dissociant corps et esprit, et en opposant le mal qu'il souhaite à son « sosie » et le bonheur qu'il lui souhaite (160-163), Ménélas, refusant absolument de lui concéder autre chose que cette ressemblance, lui souhaite, lui, bien de la joie pour cela... mais ce n'est rien d'autre que la formule de congé traditionnelle, χαῖρε (591) : la scène de reconnaissance

1. On pourrait même ajouter une troisième occurrence, qui la met face au vieillard venu annoncer la disparition du fantôme, le seul qui n'ait pas la moindre hésitation et l'identifie aussitôt au fantôme prétendument envolé en lui reprochant ses facéties déplacées (616 sqq).

est devenue « scène de méconnaissance[1]. » et l'on se trouve dans un cas de figure qui n'était pas prévu par Aristote, celui où l'un des deux refuse de reconnaître l'autre.

Il faut donc la venue d'un nouveau personnage, le vieillard, qui confirme la version d'Hélène en annonçant la disparition du fantôme, intervention *extérieure* qui, lue toujours à la lumière d'Aristote[2], pourrait sembler une infériorité dramaturgique, mais est la seule manière de sortir d'une intrigue où a été introduit un double parfait. Seule en effet sa disparition peut redonner sa place à Hélène et l'intervention du vieillard n'est artifice que parce que l'artifice est au cœur du sujet. En outre le choix pour remplir ce rôle de messager de celui qui accompagna jadis le char nuptial d'Hélène permet d'introduire l'idée d'un « renouvellement » (722) de leur union, et ce personnage entre même dans le jeu des dédoublements structurels, puisqu'il intervient de part et d'autre du duo lyrique de reconnaissance, avant, pour le provoquer, après, pour commenter ces retrouvailles inespérées et stigmatiser l'incompétence des devins. Enfin les dernières paroles de Ménélas avant sa sortie, lui signifiant de transmettre aux autres l'ordre de se tenir prêts pour guetter toute occasion favorable, introduisent la seconde action, celle du salut (742-43).

Là encore la délibération va se dédoubler, de part et d'autre d'une scène qui n'a pas non plus son équivalent dans *Iphigénie*, et qui, seule, n'entre dans aucun jeu de *responsio* : la scène de Théonoé. Restés seuls en effet,

1. Selon la jolie expression de B. Cassin.

2. Le chapitre 16 de la *Poétique* répertorie et évalue les divers types de reconnaissance ; la meilleure est celle qui découle de l'enchaînement des faits, et la lettre de l'*Iphigénie en Tauride* en est un des plus beaux exemples, au même titre que la reconnaissance de l'*Œdipe Roi*.

les deux époux se déclarent prêts à mourir ensemble (780-856), comme l'affirme aussi Oreste dans *Iphigénie* (988-1016), mais alors que le frère et la sœur élaborent immédiatement leur plan (1017-1055), avant que la prêtresse se tourne vers le chœur pour lui demander son silence (1056-1073), puis, après avoir fait entrer Pylade et Oreste (1074-1081), adresse une prière à Artémis (1082-1088), Hélène et Ménélas ne peuvent mettre au point leur plan (1033-1082) et Hélène, après avoir indiqué à Ménélas de rester blotti près du tombeau de Protée (1083-1089), prier Héra et Cypris (1093-1106), qu'une fois conjuré un premier danger : l'omniscience de Théonoé, qui se laisse convaincre de « rendre » Hélène et « sauver » Ménélas [1]. Après quoi il faut mettre au point le plan, dont la difficulté essentielle tient à l'absence de vaisseau : Hélène invente donc un Ménélas défunt et un usage grec qui amènent Théoclymène à leur confier un vaisseau et préfigure déjà ce que sera la réalisation du plan en décrivant par le menu sa propre métamorphose en pleureuse et ses plaintes « face à l'impie » (1053-1054).

Et la réalisation, une fois de plus, se dédouble : à *une* scène d'Iphigénie face à Thoas (1152-1233) répondent *deux* scènes du couple bernant Théoclymène, qui, par les changements de costume, rendent sensibles les progrès de la ruse : Hélène, comme convenu, a pris l'apparence d'une veuve éplorée, et Ménélas, après avoir utilisé, comme annoncé aussi, ses haillons pour rendre crédible le naufrage – qui d'ailleurs est vrai – réapparaît en héros de l'*Iliade*, armé de pied en cap sous couvert d'honorer le

1. Ces verbes reviennent comme un *leitmotiv* dans toute la scène : ἀποδοῦναι – ou, plus rarement, ἀπολαβεῖν, en 911, 912, 913, 916 (Hélène) ; 955, 956, 963, 965, 972, 974 (Ménélas) ; 1011, 1012 (Théonoé) ; σῴζειν en 900, 910, 921 (Hélène) ; 954, 956, 964 (Ménélas) ; 881, 889 puis 1004 – et substantif en 1027 (Théonoé).

mort. Ce dédoublement implique aussi l'existence d'un *stasimon* qui sépare les deux épisodes, si bien que, à la différence d'*Iphigénie en Tauride*, où l'on avait aussi un grand deuxième épisode où s'articulaient reconnaissance et plan [1], mais normalement séparé du premier par un *stasimon* (392-455), où le chœur s'interrogeait sur les Grecs qui avaient osé aborder en cette terre farouche, et regrettait que ce ne fût pas Hélène, après les nouvelles rapportées par le bouvier, alors que le lyrisme a été très réduit précédemment et toujours associé à Hélène [2], on a ici dans les quatre-cents vers qui séparent l'épisode central de l'*exodos* (1107-1511) trois *stasima* – couvrant à eux trois environ cent quatre-vingts de ces quatre cents vers –, comme si, après le long effort quasi continu nécessaire aux époux pour échapper au vertige des apparences et de l'erreur, l'utilisation active de ces apparences contre le barbare plongeait la pièce dans une autre forme de facticité, accusée par la diversité même des styles ; ainsi, jusque dans l'*exodos*, où l'on a, comme dans *Iphigénie*, un récit de messager et une intervention divine arrêtant le barbare furieux, est ajoutée entre les deux une rapide scène entre Théoclymène et un personnage secondaire qui veut l'empêcher d'entrer tuer sa sœur, écrite dans un mètre différent, les tétramètres trochaïques, disposés pour la plupart en *antilabai*, ce qui renforce encore le caractère passionné du passage [3].

1. *IT* 456-1088 à quoi répond *Hel.*, 528-1106.

2. La *parodos* est un *commos* (164-250), où, de façon très exceptionnelle, Hélène chante la première strophe et l'épode, encadrant ainsi tout le chant ; on a ensuite un bref chant de sortie (330-384) où Hélène chante l'essentiel, et quelques vers seulement d'*épiparodos* à leur retour (515-527), où le chœur résume brièvement à l'intention des spectateurs les assurances données par Théonoé.

3. Une même utilisation pathétique et violente des tétramètres trochaïques est faite dans *Ion*, lorsque la mère revient sur scène au début

Concentrés dans cette seconde partie, les *stasima* ont aussi un contenu différent, ou plutôt, comme « décalé » si on les compare à ceux d'*Iphigénie*. En effet, alors que le deuxième *stasimon* d'*Iphigénie* (1089-1151), après le grand épisode central, est tourné vers l'avenir et évoque le voyage de retour vers la Grèce, que le chœur espère heureux pour les héros et dont il rêve pour lui, le premier *stasimon* d'*Hélène* (1107-1164), situé au même endroit, curieusement, n'évoque que les voyages meurtriers de la guerre de Troie, celui de Pâris qui, escorté par Aphrodite, amena Hélène dans sa patrie (première strophe), et celui des Grecs, attirés vers les rochers par la vengeance de Nauplios, alors qu'ils ramenaient l'*eidôlon* façonné par Héra (première antistrophe) ; et le chant s'élargit, dans le second couple, à une méditation sur les incertitudes du divin et la folie des hommes en parfaite continuité avec les réflexions faites par le vieillard... quatre cents vers plus haut [1] et dont l'illustration est encore donnée par la guerre de Troie : tout se passe comme si, quelque heureux que soit le dénouement, le mal ne s'en effaçait pas pour autant, non seulement dans la réalité, mais aussi dans le souvenir. Se dégage, en contrepoint à l'action de tromperie contre Théoclymène, qui, au danger de mort près, peut prendre des allures de comédie, un sentiment général d'irréversibilité, propre au tragique, qui subsiste en dépit du salut des héros et prélude peut-être au

---

de l'*exodos*, après sa tentative de meurtre manquée, poursuivie à son tour par son fils (1250-60) ; Euripide écrit aussi dans ce mètre la fin de la scène entre Iphigénie et Thoas (1203-33), mais dans ce cas ce n'est guère qu'une manière formelle de marquer l'achèvement du passage (sur ce type d'emploi, voir J. JOUANNA, « La double fin du *Philoctète* de Sophocle : rythme et spectacle », *REG* 114, 2001, 359-382).

1. La strophe commence en 1137 : le vieillard s'est exprimé en 711 sqq. sur l'incertitude des dieux ; l'antistrophe commence en 1151, l'affirmation sur la γνώμη se trouve en 757.

divorce qui semble s'accuser dans cette dernière partie entre l'heureux sort de ceux-ci, qui retrouvent leur statut mythique, et la « réalité » du monde ordinaire.

Il faudra en tout cas attendre le troisième *stasimon* (1452-1510), qui ponctue la sortie définitive des héros, pour avoir une belle évocation du voyage de retour et une anticipation de l'arrivée d'Hélène à Sparte au moment des Hyacinthies. L'heureuse traversée est ainsi suggérée à travers la figure gracieuse de la néréide Galanée (incarnation de la bonace) qui, au style direct, encourage les marins à ramener Hélène sur le rivage au beau port évoqué lui aussi à travers la mythologie et les origines de Mycènes, comme celui « des palais perséides ». Après coup, la ressemblance entre cet encouragement et celui qu'Hélène lancera pour stimuler l'ardeur guerrière des vainqueurs de Troie apparaît troublante et force est de reconnaître que cette préfiguration poétique et idyllique est bien différente de la « réalité » sanglante décrite par le messager, et que le décalage entre embellissement poétique et combats réels demeure toujours en filigrane.

Si ce troisième *stasimon* correspond thématiquement au deuxième *stasimon* d'*Iphigénie*, c'est le deuxième, entre les deux épisodes avec Théoclymène, qui correspond au troisième d'*Iphigénie*, l'un et l'autre étant dominés par des figures divines. On a ici un *hieros logos* en l'honneur de Déméter-Cybèle, figure syncrétique attestée, mais qui néanmoins s'inscrit dans la série des doubles de la pièce [1], réconfortée non par les facéties de Baubô ou d'Iambè, mais par la musique des Grâces et des Muses envoyées par Zeus, et par l'« invention » du

1. Sur ce syncrétisme, voir, outre le commentaire détaillé de KANNICHT (Band II, 328-333), l'article de G. CERRI, « La Madre degli Dei nell' *Elena* di Euripides : Tragedia e ritual », *QS* 17, 1983, 155-195.

tambourin frappé pour la première fois par Aphrodite –version des faits non moins originale que le sujet de la pièce lui-même, alors que chœur entonne, dans l'*Iphigénie* un grand chant en l'honneur d'Apollon et d'Artémis, au moment où, selon la volonté de son frère, la déesse s'apprête à le rejoindre en Grèce. Si ce *stasimon* épouse parfaitement le mouvement de l'intrigue, force est d'admettre qu'il n'en est pas de même pour celui d'*Hélène,* même s'il est abusif d'y voir un des « interludes » attribués par Aristote à Agathon [1], qui « n'ont pas plus de rapport avec l'histoire qu'avec une autre tragédie ». Le chœur lui-même suggère une faute d'Hélène qui aurait suscité le courroux de la déesse, ce qui n'a aucun point d'appui dans aucune forme de la légende, pas plus celle qu'adopte Euripide que la forme traditionnelle, mais qui imprime au *stasimon* un mouvement comparable à celui des réflexions du vieillard ou du chœur lui-même, en faisant succéder à une évocation du monde divin des conseils de prudence aux humains. Raccord qu'on peut juger ou non maladroit, l'affirmation du chœur témoigne en tout cas du besoin humain de chercher des explications et de leur incertitude. À l'inverse, on peut aussi lire dans cette quête divine de Déméter une image « archétypale » de réconciliation pour une pièce heureuse, avec, dans un cas comme dans l'autre, un rôle de l'art et de la musique, instrument de la création théâtrale. De même que dans *Iphigénie*, on assiste à la double réunion de deux couples fraternels, divin et humain, le premier protégeant le second, ici le divin devient une sorte de reflet poétique, qui suggère l'image d'une Hélène salvatrice dont la divinisation sera annoncée par les

1. *Poet.*, 18. 56 a 27-32.

Dioscures, mais là aussi tout ne reste que suggestion dans un monde insaisissable.

Cette cohérence inférieure à celle d'*Iphigénie* – fruit non de la maladresse, mais du sujet même – se retrouve dans l'intervention des Dioscures. Alors que dans *Iphigénie*, la tempête, selon le récit du messager, retient le bateau et peut laisser espérer à Thoas une intervention victorieuse, qu'il part lancer lorsqu'Athéna l'arrête, ici Hélène et Ménélas sont repartis sans retour pour le monde homérique et seule Théonoé, l'invention d'Euripide, est menacée. En outre, là où Athéna annonce fort logiquement ce que sera le culte de Brauron, les prédictions de Castor ne sont liées à la pièce qu'autant qu'elles apparaissent comme des sortes de compensation aux peines des héros : après bien des détours, Ménélas finit par rejoindre le destin à lui prédit par Protée dans l'*Odyssée* (IV, 561-569), promis ici aussi à l'île des Bienheureux. Quant au destin d'Hélène, il appelle deux remarques : d'abord il prolonge d'une certaine manière le jeu de dédoublements, puisque, à côté de son apothéose, qui, selon le jeu des renversements décrit par le chœur comme constitutif de ce monde, la fait passer de l'opprobre universel aux honneurs d'un culte, est ajoutée aussi l'éponymie d'une obscure île le long de l'Attique[1], où Hermès se serait arrêté lorsqu'il l'emmena en Égypte. Sans doute l'îlot se

1. F. JOUAN (« Les légendes étiologiques chez Euripide », *Humanitas* XLVII, 1995, 139-150) n'y voit qu'un jeu et souligne la bizarrerie de l'itinéraire qu'elle implique : « L'explication d'Euripide est tout à fait isolée. Hécatée (1 F 128 Jac.) suppose, avec plus de vraisemblance, une escale d'Hélène au retour de Troie. Strabon IX, 1, 22, sans doute d'après un atthidographe, donne ce nom à l'îlot de Cranaé, au large de la côte spartiate, où Pâris se serait uni pour la première fois à Hélène (II, III, 44-45) » (n. 53, p. 148).

trouvant le long de l'Attique, l'étiologie se conforme-t-elle ici parfaitement à la convention qui rapproche l'intrigue des pièces de la réalité du spectateur ; sans doute aussi peut-on noter que, de même qu'Hélène divinisée est associée à ses frères sauveurs des marins, l'île est présentée comme protégeant l'Attique telle une sentinelle, si bien que l'Hélène fatale est, sous quelque aspect qu'on la commémore, devenue l'Hélène salvatrice que saluait déjà Teucros, par elle mis en garde, et qu'il opposait à « l'autre ». En second lieu la manière même dont sont annoncés ce renversement et cette « double » survie d'Hélène dote sa figure d'un relief particulier, puisqu'elle seule est longuement apostrophée à la seconde personne (1662-1675), deux vers à la troisième personne réglant le sort de Ménélas (1676-1677), alors qu'Athéna se tourne successivement vers les trois acteurs principaux. Cette prééminence est encore confirmée par la réponse de Théoclymène, qui s'incline devant la volonté des dieux, tel Thoas, mais y ajoute un hommage vibrant à la noblesse et la sagesse d'Hélène – ultime réécriture de l'*Odyssée*, qui donne une version « modernisée » de la « très sage Pénélope » ? Une telle conclusion marque bien combien sont étroitement liées ici la pièce et son héroïne, la qualité déroutante de la première découlant en grande partie de cette figure poétique fascinante qu'est « Hélène en Égypte », foyer de toute une série de miroitements des mythes et des rites.

HÉLÈNE EN ÉGYPTE : EN MARGE DE L'*ILIADE* ET DE L'*ODYSSÉE*

L'action se cristallise en effet autour d'une Hélène qui n'est pas l'Hélène de l'*Iliade*, mais qui doit, sans être passée par cette étape, dont la réalité pèse cependant sur elle, devenir l'Hélène de l'*Odyssée*, celle qui est heureusement revenue d'Égypte à Sparte, où elle est promise à la divinisation – le culte de la déesse de la végétation qui lui y était rendu n'est jamais indiqué explicitement, mais les rapprochements avec Perséphone, le retour aux Hyacinthies, une autre fête printanière, l'évocation des chœurs virginaux auxquels prennent part les Leucippides, son rôle salvateur lui confèrent une *aura* de déesse revenant – et ramenant Ménélas – du monde des morts [1]. Privée de sa fonction iliadique, Hélène multiplie les rôles, et autour de cette négation incarnée de l'*Iliade* ou, plus subtilement, demi-négation, puisque l'*Iliade* ne change en rien dans son déroulement, autour de cette Hélène « qui n'est pas allée à Troie [2] », prend « corps » un univers *sui generis* théâtral et littéraire, qui n'entretient plus avec le monde réel de rapports paradigmatiques, ou du moins qui ne lui fournit pas de modèle explicatif, puisqu'il le présente comme inexplicable, mais qui, dans le miroitement infini des « Hélènes » jouant sur le théâtre, se meut entre liberté protéiforme de l'imaginaire et mise en question de la réalité.

L'Hélène qui apparaît sur le théâtre pour dire le prologue est et n'est pas tout à la fois l'Hélène de l'*Iliade* ;

1. C'est le thème de l'*anodos*, étudié par H. FOLEY (sur les cultes spartiates, voir en part. p. 145-47).

2. Selon les vers initiaux de la palinodie de Stésichore, auxquels font écho ici 58-59, 582 et 1506-1511.

réfugiée en suppliante à la tombe de Protée, elle n'est cependant pas seulement un personnage qui raconte sa douleur ; elle ne commence d'ailleurs à l'évoquer qu'au vers 22, avec une formule « et les maux que j'ai soufferts / je vais les dire », dont on ne trouve l'équivalent dans aucun autre prologue et qui rappelle curieusement, à la première personne près, les préludes de l'*Iliade* ou de l'*Odyssée* [1]. Cette prise de parole originale fait suite à une description non moins originale du lieu où elle se trouve et qu'elle présente au spectateur – au lieu qu'il soit intégré dans une invocation ou dans un récit qui explique comment le personnage est arrivé là : « Voici les flots du Nil... ». Il est tentant de reconnaître dans ce personnage protatique particulier, à la fois victime douloureuse et narratrice dotée d'une connaissance quasi divine des desseins de Zeus [2], une figure d'aède, celle-là même qui s'esquisse au chant III de l'*Iliade*, lorsqu'Iris la trouve tissant sur un double manteau « les multiples combats des Troyens dompteurs de cavales et des Achéens à cotte de bronze supportés pour elle sous les coups d'Arès » (126-128). De même l'Hélène douloureuse, qui n'est qu'un des aspects de ce prologue, et qui s'accuse avec les nouvelles funèbres de Teucros, rappelle, en entonnant le thrène des disparus, repris par le chœur, l'Hélène du chant XXIV, troisième à pleurer sur le corps d'Hector [3], et ce rôle

1. Comparer *Il.*, I, 2 (Dis-moi la colère) : ἣ μύρι' Ἀχαίοις ἄλγ' ἔθηκε ou *Od.*, I, 4 : πολλὰ δ' ὅ γ' ἐν πόντῳ πάθεν ἄλγεα ὃν κατὰ θυμόν.

2. Les remarques qui ont été faites sur ce point se sont limitées à souligner l'invraisemblance d'un tel savoir : c'est négliger le point essentiel, la dissolution de toute vraisemblance au contact du personnage extraordinaire de l'Hélène d'Égypte.

3. Voir *Il.*, XXIV, 76 : τῇσι δ' ἔπειθ' Ἑλένη τριτάτη ἐξῆρχε γόοιο et la conclusion en 776 : Ὣς ἔφατο κλαίουσ', ἐπὶ δ' ἔστενε δῆμος ἀπείρων. Ici évidemment, et cela est symbolique de la pièce, il

est comme dilaté sur toute la première partie de l'action par Euripide [1], qui l'enrichit encore du sentiment de culpabilité exprimé par l'héroïne de l'*Iliade* devant Priam au chant III [2], douleur aussi du déshonneur intimement liée à une nostalgie qui la rapproche d'Iphigénie [3].

Ainsi, entre le déplacement qu'elle n'a pas fait et celui qu'elle ne peut faire, naît, à côté d'Hélène de Troie et d'Hélène de Sparte, dans un entre-deux incertain, Hélène d'Égypte, fixée dans un « ailleurs » où, à travers Teucros, et plus tard Ménélas, le monde de l'*Iliade* vient à elle, réduite peu à peu à n'être que le négatif de son *eidôlon* à qui l'unissent d'étranges similitudes. Ainsi, si Héra a façonné un *eidôlon* dans un morceau de ciel (34), c'est aussi dans les replis de l'éther, enveloppée dans un nuage, qu'Hermès emporte la « vraie » Hélène, (44-45), comme si le sort de celle-ci, avec cet enlèvement qui est à la fois réplique *au* rapt de Pâris et réplique *de* ce rapt premier, se modelait sur le sort de son *eidôlon* : réalité littéraire seconde, qui se nourrit de son opposition à l'*Iliade*, l'Hélène d'Euripide, ou de Stésichore, ne se définit dès lors que par la négation et l'altérité. Elle est « l'autre Hélène », la « bonne » Hélène, l'Hélène salvatrice bénie par Teucros, l'Hélène « qui n'est pas allée... », mais que son double dépossède de plus en plus. Ainsi si elle s'efforce de dissocier dans le prologue son nom, traîné dans la boue, de son corps, qu'elle veut

n'y a pas d'autre corps que celui d'Hélène, auquel le chœur craint que Théoclymène ait porté atteinte.

1. Pour la « litanie des malheurs », voir 191-229, 267-292, 684-690, 924-927.

2. Pour le texte de *l'Iliade*, voir les sources citées en appendice ; dans la pièce, voir en particulier, 52-55, 109, 135, 196-199, 249-251, 270-271 et 280-281, 363-374, repris en 383-384.

3. Désir de retour ou plaintes sur le retour impossible en 227-228, 287-292, 594-295, 929-935.

veut préserver des avances du roi (66-67), ce corps lui-même lui est comme dénié par Teucros – alors qu'il veut la bénir ! – lorsqu'il oppose son corps, semblable à celui de l'autre Hélène, et son esprit, tout différent (160-161) : à force de dichotomies, le personnage se dissout, et Ménélas, face à elle, reconnaissant aussi la similitude physique, finit par la réduire à son tour à l'état d'*eidôlon*, en l'assimilant à une apparition nocturne et menaçante suscitée par Hécate, de l'ordre des φάσματα (569). Elle n'est plus seulement un sosie d'Hélène, mais un être irréel, une semblance[1] faite pour apporter la mort : on ne peut rêver renversement plus total entre l'original et la copie, le premier se retrouvant doté à la fois de la nature (im)matérielle et de la nocivité de son double. Enfin, la vérité est rétablie par la disparition de l'*eidôlon*, mais là aussi le malaise ne se dissipe pas totalement avec la nuageuse effigie, ou, du moins, la ressemblance troublante se poursuit jusqu'au bout, en particulier grâce à l'emploi du style direct dans le récit du messager : bien qu'absent, le double d'Hélène aussi prend la parole, comme le personnage qui sur le théâtre représente Hélène depuis le début de la pièce, et, pour confirmer la version de la « vraie Hélène », elle emploie pratiquement les mêmes mots[2], si bien que ce ne sont plus seulement les noms, les corps, mais jusqu'aux paroles – si importantes dans la réalité d'un personnage théâtral – que partagent les deux Hélènes.

1. De même qu'elle n'a cessé d'employer le mot δόκησιν pour « l'autre » (36, 119, 121).

2. Comparer par exemple 608 et 109 (+ 362), 609-610 et son δι' ἐμέ avec la même expression de 52-53 ; sur Héra 31 ; 610 et 611 et 35-36 ; 614-615, conclusion du discours sur l'innocence d'Hélène et toutes les conclusions de la même Hélène (53-55, 66-67, 249-251) auxquelles on peut ajouter l'introduction de 270.

Aussi consistantes – ou inconsistantes – l'une que l'autre, elles constituent à elles deux la matrice de réécritures infinies autour du personnage d'Hélène et de l'épopée homérique, dont cette première partie fournit de nombreux exemples : face à Teucros, Hélène laisse échapper un soupir douloureux au souvenir de l'Hélène de jadis, courtisée par Achille (99) ; or cette version, qui suscite un instant encore une autre Hélène, une Hélène du passé, est encore plus « autre » qu'il n'y paraît, puisque la version la plus courante du mythe est au contraire qu'Achille, trop jeune, n'a jamais été le prétendant d'Hélène [1]. Informée de la mort de ses frères – annoncée dans l'*Iliade* au moment de la teichoscopie (III, 236-242) – et du suicide de Léda, qui n'est mentionné qu'ici, Hélène, dans le désespoir de sa seconde tirade, où elle déplore le prodige de sa vie, évoque, à l'irréel, une autre Hélène, une Hélène laide et glorieuse, une Hélène impossible dont on aurait effacé les traits comme ceux d'un ἄγαλμα : statue ou tableau, Hélène est ainsi une effigie, au même titre que son *eidôlon*, par deux fois désigné comme νεφέλης ἄγαλμα (705 et 1219), et souhaite changer d'εἶδος (263). Forcée de constater que sa beauté demeure et fait sa perte, que l'Hélène de l'*Iliade* ne peut disparaître, elle suscite alors une autre Hélène, celle-là même qu'Hécube reproche à l'Hélène des *Troyennes* de n'avoir jamais été (*Tro.*, 1012-1014), l'auteur d'un suicide glorieux, épouse plus héroïque encore que Pénélope et prête à sacrifier sa vie pour rester fidèle à Ménélas (298), repoussant avec horreur l'image contraire d'une Hélène richement attablée avec

1. Il leur faudra, pour se rejoindre, attendre la fin de leurs vies, où, selon certaines versions, seront unis chez les Bienheureux le plus valeureux et la plus belle.

Théoclymène (294-296), après avoir évoqué, encore à l'irréel, la rencontre « odysséenne » qui, grâce à des signes de reconnaissance connus d'eux seuls, auraient permis à Ménélas et Hélène de se retrouver (290-291) comme Ulysse et Pénélope au chant XXIII.

La figure d'Hélène se démultiplie ainsi dans une parole poétique infinie, dont l'unité ne se fait que par la voix de celle qui l'énonce et s'invente d'autres destins, par sa souffrance aussi que ces innombrables facettes accusent encore. L'affabulation pénètre de part en part l'univers théâtral à travers ce personnage que nul ne reconnaît plus et la scène avec Ménélas peut être lue comme le choc de deux fictions : quand l'Hélène de Stésichore rencontre le Ménélas d'Homère... Celui-ci choisit l'illusion iliadique, le poids des souffrances endurées, et laisse Hélène à sa propre souffrance : aucun passage ne marque mieux que cette reconnaissance manquée le tragique des incertitudes de l'être et du paraître et le caractère réducteur d'une lecture purement philosophique d'un texte dont le caractère hautement littéraire permet, à travers la manipulation des fictions, de fondre toutes les dimensions, ontologique, éthique, pathétique.

Une fois reconnue et sûre du soutien de Théonoé, Hélène peut désormais changer de rôle et regagner, en deux temps, le monde de l'épopée. Or, curieusement, à nouveau, pour regagner ce monde, aède devenue dramaturge, elle invente une action salvatrice qui s'inscrit dans le prolongement de la fiction douloureuse de la première partie, à ceci près que le sens des négations s'inverse et que la mort devient moyen de conserver la vie. Ainsi, alors que, dans la première partie, la cause de la guerre résidait dans la possession illusoire d'Hélène par un Pâris qui « croit m'avoir quand il ne m'a pas » (35-36, confirmé par l'*eidôlon* en 611) et qu'Hélène « avait quitté sa demeure et sa couche, sans les quitter pour une union honteuse » (696-697), de même ici, Ménélas doit accepter « d'être dit mort, alors qu'il n'est pas mort » (1050 et 1052). Tout comme Héra avait façonné un être de nuage, Hélène constitue alors un « mort verbal », avec cet élément supplémentaire que le faux mort et le vrai vivant vont être ensemble sur scène, l'un dans les paroles d'Hélène et Ménélas, l'autre dans la personne même de Ménélas, source de toute une série de déclarations ambiguës autour de l'époux absent et de l'époux présent. Plus paradoxal encore, c'est le faux mort qui est le témoin de sa propre disparition[1], et la juxtaposition ressort encore davantage dans le récit du messager, qui dénonce la ruse d'Hélène se lamentant durant la marche vers le bateau sur « un époux, présent à ses côtés et nullement mort » (1529), ou s'y installant finalement, elle « et celui qui n'était mort qu'en paroles, Ménélas, à son côté » (1572). C'est encore une négation qui marque la découverte du piège, lorsque Ménélas sacrifie le taureau « sans faire mention d'aucun mort » (1583). Il n'y a de morts que ceux qu'il va faire avec ses hommes et la tombe de Ménélas est bien vide, comme l'était l'union de Pâris et d'Hélène, ou plutôt l'épouse qu'ils se disputaient : il est tentant de rapprocher les κενὰ λέχη qu'Hélène reprochait à Ménélas de choisir (590) du κενὸς τάφος qu'elle prétend maintenant donner à son époux (1057[2]).

1. Ce qui n'a pas de parallèle exact dans tout le théâtre conservé : dans les *Choéphores*, si c'est bien Oreste qui raconte sa mort, il est censé tenir le récit d'un témoin ; dans *Électre*, Sophocle confie le récit au précepteur, et Euripide ne reprend pas ce thème.

2. Le verbe κενοταφεῖν employé par Ménélas, surpris, en 1060 – et repris en 1546 –, est aussi une création, mais d'Euripide ; sa seule autre occurrence est chez Plutarque (*De latenter viv.*, 1130 C).

Désormais absents dans cette pièce où comptent tant présence et absence, les héros redeviennent ceux dont on parle, objet de *kleos*, et Hélène, installée sur le tillac et contemplant la lutte comme son double de l'*Iliade* regardait les héros du haut des remparts, va désormais plus loin qu'elle et encourage les Grecs au nom de la « gloire de Troie » (1603), et, comme elle, sème la mort derrière elle. Hélène passe et laisse derrière elle son *kleos*, à la fois sœur divinisée des Dioscures, les fils de Zeus, eux-mêmes non pas morts, comme le voulait le moins bon des deux *logoi* rapportés par Teucros, mais devenus dieux, selon le meilleur (137-141), et nom d'un îlot, qui éternise aussi son enlèvement en Égypte [1]. Euripide ainsi, parti du sujet le plus paradoxal, a rejoint la fin la plus conventionnelle, non sans réussir à utiliser l'étiologie pour glisser aussi dans la « réalité » des traces de sa propre intrigue et son Hélène, pour qui l'on s'entretue, continue à être et ne pas être l'Hélène de l'*Iliade*, à unir en elle vie et mort en un mélange inextricable qui est aussi bien la texture de la pièce que la texture de la vie humaine. Telle est la réalité qui donne à la pièce à la fois ses résonances tragiques, avec les souffrances irrémédiables des hommes qui ne sont pas la fille de Zeus, et sa dimension poétique, avec une Égypte terre des morts et terre de spiritualité à la fois, décrite en premier dans une pièce où la figure de Protée joue un rôle important.

1. 1667-1675, avec, une dernière fois, l'importance du nom qui est soulignée : κεκλήσῃ en 1667, κεκλήσεται en 1674.

Innovation et tradition : L'Égypte de Protée et de Théonoé

Cette présence de la mort et d'un mort [1], de même que le vertige des apparences s'incarne dans le personnage d'Hélène, est matérialisée sur le théâtre par le tombeau de Protée, élément de décor qui n'est pas si fréquent [2]. Le sage roi, dépositaire de la vertu d'Hélène, est ainsi à la fois « enseveli dans l'ombre de la terre » (61-62) et néanmoins constamment là au travers des invocations comme de ce monument. À l'inverse, si ce tombeau symbolise l'Égypte terre des morts, l'évocation initiale du Nil aux eaux virginales et aux crues fécondantes met l'accent sur le richesse et la vie de cette terre ambiguë, qui, dès l'*Odyssée* (IV, 230), produit « mille simples divers, les uns salutaires, et les autres funestes ». Cette ambiguïté se prolonge dans les deux enfants du roi, créations d'Euripide, ou du moins demi-création pour Théonoé, inspirée par Eidothéé, la fille de Protée dans l'*Odyssée*, mais à qui le tragique, par son changement de nom, fait quitter les prestiges de l'apparence, soulignés par la forme hypocoristique Eidô (9-13 [3]), pour celui de la connaissance des choses divines, création totale avec Théoclymène, nouveau Pâris qui veut Hélène et menace de mort tout Grec susceptible de l'emmener.

---

1. Voir GOOSSENS, p. 253 : « Ce que l'*Hélène* doit essentiellement à l'Égypte, il me semble, c'est la notion, qui est beaucoup plus ferme dans ce drame que partout ailleurs, d'une familiarité extrême des vivants avec les morts. »

2. Nous n'avons pour parallèle dans les textes transmis que les *Choéphores*.

3. Nom qui évoque irrésistiblement εἶδος – ce dont Hélène voudrait changer (262-263).

C'est dans ce monde en marge qu'Hélène attend et sa première rencontre avec Teucros n'est pas sans évoquer une sorte de *nekyia* inversée, dans laquelle l'héroïne, enlevée en Égypte par Hermès, le *trickster*, mais aussi le dieu psychopompe, est, au rebours d'Ulysse, celle qui a tout à apprendre du monde des vivants... où apparemment elle a causé la mort de tous ses proches, mais qui permet aussitôt à Teucros de regagner ce monde des vivants en le prévenant du danger. Peut-être faut-il encore discerner des harmoniques « infernales » dans l'arrivée de Teucros, se croyant à la demeure de Ploutos (69), le dieu de la richesse qui peut évoquer Pluton, riche de tant de morts, ou voir dans le personnage de la vieille portière qui repousse Ménélas un avatar de Cerbère : tout cela ne reste cependant qu'à l'état de suggestions, auxquelles chacun peut être plus ou moins sensible, mais cette alternative entre vie et mort est au cœur du débat lorsqu'apparaît Théonoé, entre les mains de laquelle repose le salut des époux.

Cette scène, exceptionnelle à tous égards, par la singularité de son actrice principale [1] comme par sa position centrale et unique dans une pièce marquée par les dédoublements, a souvent retenu l'attention, mais sans qu'on la replace toujours suffisamment dans l'économie générale de la pièce [2], sans qu'on accorde aussi assez d'importance, à côté de la « théologie » et de l'aspect intellectuel et moral de la scène, à la présence très particulière de la vie, de la mort, du monde divin, et aussi

1. Dont la prééminence est bien marquée formellement par ses deux interventions, qui encadrent la scène.

2. Si on laisse de côté la note de GRÉGOIRE *ad loc.* dans la CUF, à l'évidence aberrante, force est de constater que les articles sur le sérieux de la pièce s'appuient beaucoup sur cette scène : voir en particulier ZUNTZ.

au chatoiement des modèles littéraires, éléments dont elle tire sa spécificité. L'argumentation même retenue par les époux – invoquer la promesse de Protée –, si elle met en avant l'idée de la Justice [1], donne aussi une extraordinaire présence à celui près du tombeau duquel ils se tiennent et qu'Hélène, d'entrée, tout à la fois associe aux dieux, l'un comme les autres devant guider la piété de la prophétesse (914), et oppose, dans sa justice, à la folie d'un frère dont Théonoé ne doit pas se faire l'alliée (917-18). Ménélas reprend, en associant cette fois Théonoé à son père, au moment où il menace de tuer Hélène avant de se tuer lui-même et évoque leurs deux cadavres gisant sur le tombeau, « à jamais souffrance pour toi, et opprobre pour ton père » (987). Cette image funèbre, qui constitue le *climax* de sa tirade, n'est pas sans évoquer le chantage des *Suppliantes* d'Eschyle, de même que le tombeau omniprésent rappelle les *Choéphores*. Et de fait, usant d'invocations, comme les orphelins d'Eschyle, même s'il le fait plus brièvement, Ménélas adresse la première au « vieillard qui habite ce tombeau de pierre » (962-63), lui redemandant sa femme, avant de reconnaître l'impossibilité pour un mort de s'exécuter et de se tourner, mais en restant à la troisième personne, vers « celle-ci », qui est, elle, maîtresse de tenir la promesse de son père, par lui « évoqué des enfers » (966-67) ; puis, dans la seconde invocation, il demande l'aide du dieu des Enfers en personne (969), enrichi par lui de tant de morts – et l'on retrouve ici une allusion sinistre aux souffrances de Troie, toujours présentes en filigrane.

1. La restitution d'un dépôt est un des éléments essentiels de la justice antique cf. par ex., HER, VI, 86 (histoire de Glaucos) et *Rep.*, I 331 c.

Les derniers mots de Théonoé elle-même sont pour son père (1028-1029), après qu'elle a justifié son accord par des considérations eschatologiques sur le châtiment de l'injustice et la survie de la *gnomè* (1013-1016), dont la valeur me semble plus « d'atmosphère » que de révélation théologique : une telle déclaration non seulement conserve à Protée, qui pèse tant sur cette délibération, une existence réelle, quelque part dans l'éther, mais elle s'accorde avec l'idée grecque que les doctrines de l'immortalité s'étaient développées en Égypte[1] ; enfin, et surtout, elle entoure Théonoé d'une *aura* divine, déjà esquissée dans son entrée solennelle, où, la prophétesse baigne dans une atmosphère de pureté, pureté de l'air grâce à des fumigations de soufre, pureté du sol grâce à la flamme lustrale (865-872), et qui ne se limite pas à sa connaissance de l'avenir, mais tient compte aussi de la justice et des devoirs de l'homme, selon les vœux d'Hélène (962-963).

Incarnation d'exigences spirituelles supérieures même à celles qui animent les dieux traditionnels, Théonoé permet à Euripide d'évoquer les deux délibérations, divine et humaine, sur le sort d'Hélène et Ménélas (878-891), en une juxtaposition qui n'est pas sans rappeler le début des *Troyennes*[2]. Là en effet la mise en scène donne une perception visuelle du décalage des plans divin et

1. HER., II, 123, cité par GRÉGOIRE, qui néanmoins inverse, me semble-t-il, l'ordre des facteurs en soutenant que « le désir de promulguer en quelque sorte une foi consolante dans la survie des êtres chers et dans la justice éternelle, a inspiré à Euripide le rôle de Théonoé, prophétesse égyptienne. » C'est plutôt pour dessiner le personnage de la pure prophétesse égyptienne et créer une certaine atmosphère qu'il emprunte aux traits religieux connus comme égyptiens.

2. Une même juxtaposition se trouve déjà aux origines de la guerre de Troie, où se rencontrent les volontés d'Héra et de Zeus, lequel obéit lui-même à une double motivation (31-41).

humain et tandis que les dieux, sur le *théologeion*, et au prologue, c'est-à-dire avant l'action, se mettent d'accord sur la destruction des Grecs (qui reste aussi dans l'avenir, comme la décision, encore non déterminée, du Conseil d'*Hélène*), avec une Athéna qui a changé d'avis (comme Héra) et un Poséidon fidèle à la tradition, qui quitte une ville désormais incapable de l'honorer [1], en dessous, les hommes, accablés de malheurs ou triomphant dans la cruauté, agissent « à vue », ignorants, pour les Grecs, de la menace qui pèse sur eux, mais sans que le spectateur puisse, sauf à être très optimiste, considérer que les futurs naufrages seront le châtiment des horreurs de la pièce, puisqu'ils ont été décidés avant ; ici la juxtaposition reste au niveau linguistique et Théonoé décrit en quelques vers le Conseil à venir et les positions de chaque déesse (878-886) avant de préciser, articulée par la négation la plus incolore, dev, l'alternative qui se pose à elle (887-891). La théodicée est aussi problématique dans un cas que dans l'autre et le sens se brouille ici encore un peu plus dans la démultiplication des réminiscences – il est difficile de ne pas songer d'abord aux Conseils des Dieux qui, dans l'*Odyssée*, examinent le retour d'Ulysse, et lorsque Théonoé porte finalement son vote du côté d'Héra (1005-1006), de ne pas se souvenir de l'Athéna des *Euménides* – et par l'ignorance dans laquelle demeure Théonoé, puisque le Conseil divin et sa décision sont encore à venir. Théonoé, dans sa singularité même, finit par devenir l'illustration parfaite de la condition humaine telle que l'a décrite le vieillard : non qu'elle ait à décider à la place des dieux, mais elle se retrouve, comme tout humain, face à sa propre action, à fonder sur une *gnômè*

1. Toutes ces attitudes divines – souci de sa gloire, des honneurs, versatilité, parti-pris – n'auraient rien de scandaleux chez Homère.

qui sera aussi exaltée pour Hélène dans les deniers vers de Théoclymène.

Faut-il dans ces conditions faire de Théonoé le double spirituel d'Hélène, l'incarnation de l'idéal d'Euripide ? Deux nuances doivent être apportées : la première, qui confirme une certaine proximité avec la fille de Zeus, et nuance sensiblement la « modernité » du personnage, est l'importance de sa « gloire » et de celle de son père, dans sa décision (998-1001 et 1028-1029 [1]) – dans le même sens va l'origine mythique qu'elle donne à la présence en elle d'un « grand temple de *Dikè* » (1002-1003), expression d'une intériorité qui paraît plutôt « moderne », mais qu'elle tient de son aïeul, Nérée (1003-1004). La seconde tient à l'ambivalence même de l'éther, qu'elle présente ici comme lieu de survie des âmes, mais dont on ne peut oublier qu'il a été aussi la matière trompeuse de l'*eidôlon*, et qui, après le retour de la fausse Hélène auprès du « ciel, son père », est donc censé abriter aussi bien le pieux Protée que l'effigie meurtrière ... Ainsi rien n'est jamais simple ni sûr dans l'univers de l'*Hélène*, au point que chercher un personnage, ou un passage, qui exprimerait l'opinion du poète serait fausser cette incertitude fondamentale, réduire sa polyphonie, qui nous permet d'y reconnaître nos conceptions ultérieures de la tragédie et de la comédie. Mais cette « duplicité » ne relève pas d'un mélange de genres encore non définis à l'époque : elle semble plutôt la traduction théâtrale de cette duplicité fondamentale du divin, dont la supériorité et l'apanage résident justement dans une domination des contraires [2], devenue ici texture d'un monde où le sens ne

1. Dans le même esprit, Ulysse, encore déguisé face à Pénélope, célèbre son *kleos* (XIX, 108).

2. Voir M. DÉTIENNE, *Les Maîtres de vérité dans la Grèce archaïque*, Paris, Maspero, 1979 ; cette maîtrise des contraires est bien

cesse de se réfracter en mille images jusqu'à se perdre, en une alliance de poésie et d'ironie où chacun peut privilégier l'aspect auquel il est le plus sensible.

Les jeux de l'apparence et les « mensonges » littéraires prennent ainsi sans doute plus de relief à être présentés dans un genre qui repose pour partie sur des éléments visuels, tandis que la parole démultiplie les incertitudes, suggère à ces apparences un arrière-plan mythique ; Hélène et Protée, celui-ci absent, celle-là dédoublée, puis absente, sont les figures emblématiques de ce monde poétique qui se nourrit autant, sinon plus, de négations que d'affirmations et ne cesse de jouer avec les textes précédents, dans un énigmatique mouvement de va-et-vient entre « déconstruction moderne » et retour à la tradition, « suspendant » en quelque sorte *Hélène* dans un espace poétique propre qui fait toute la fascination de ce texte singulier.

---

marquée dans la déclaration des Muses à Hésiode au début de la *Théogonie* (27-28 : « Nous savons conter des mensonges pareils à des vérités, / Mais nous savons aussi, quand nous le voulons, proclamer des vérités. » Que le vers 27 soit directement inspiré de l'*Odyssée* (XIX, 203) n'est pas sans importance pour un rapprochement avec notre pièce.

HÉLÈNE

ΕΛΕΝΗ

ΕΛΕΝΗ

Νείλου μὲν αἵδε καλλιπάρθενοι ῥοαί,
ὃς ἀντὶ δίας ψακάδος Αἰγύπτου πέδον
λευκῆς τακείσης χιόνος ὑγραίνει γύας.
Πρωτεὺς δ' ὅτ' ἔζη τῆσδε γῆς τύραννος ἦν,
Φάρον μὲν οἰκῶν νῆσον, Αἰγύπτου δ' ἄναξ,
ὃς τῶν κατ' οἶδμα παρθένων μίαν γαμεῖ,
Ψαμάθην, ἐπειδὴ λέκτρ' ἀφῆκεν Αἰακοῦ.

1. L'interprétation de cet adjectif composé a été discutée, soit qu'on y cherche une allusion à la pureté du Nil, au sens où il n'est tributaire que de la fonte des neiges, soit que l'on se demande, de façon assez oiseuse, si les vierges sont des Nymphes ou des Néréides ; sur la valeur d'« atmosphère » dans une pièce qui utilise le modèle mythique de Koré et met en scène Théonoé et une Hélène qui renouvelle son mariage, voir DOWNING et PUCCI.

2. L'origine des crues du Nil a intrigué les Grecs et est traitée par Hérodote (II, 22), qui réfute l'hypothèse de la fonte des neiges avancée par Anaxagore et reprise par tous les tragiques (ESCHYLE, fr. 300

HÉLÈNE

La scène représente le palais du roi Protée, à Pharos d'Égypte. Par une licence géographique assez vénielle, le Nil est en vue. Devant le palais, le tombeau de Protée, en forme de petit temple à colonnes s'élevant sur une terrasse à degrés. C'est là qu'Hélène a cherché asile. Elle s'adresse aux spectateurs comme pour les prendre à témoin de ses malheurs.

HÉLÈNE. – Voici les flots du Nil, du Nil aux belles Nymphes[1], qui, vienne la saison où fond la blanche neige, arrose au lieu des pluies de Zeus les champs d'Égypte[2]. Protée, de son vivant, fut roi de cette terre. Cette île de Pharos était sa résidence, mais il régnait sur tout l'empire égyptien[3]. Or, pour femme, il choisit une vierge marine, Psamathé, échappée à la couche d'Éaque[4], laquelle, en ce palais, lui donna deux enfants,

Radt ; EURIPIDE, fr. 228 Nauck²) ; là aussi, on peut voir dans cette évocation des harmoniques printanières, insistant sur le renouveau de la vie lorsque disparaît l'hiver.

3. Le vers 5 a souvent été athétisé ; quel qu'en soit l'auteur, Euripide ou un interpolateur, il essaie de concilier la tradition homérique, qui fait de Protée le Vieillard de la mer habitant Pharos, et la tradition d'Hérodote, qui en fait un roi habitant Memphis.

4. Psamathé figure dans le catalogue des Néréides (*Théogonie*, 260) et est citée un peu plus loin comme épouse d'Éaque (1003-1005, confirmé par Pindare, *N.* 5, 12-13) ; sa séparation d'avec Éaque et son mariage avec Protée sont inconnus par ailleurs.

Τίκτει δὲ τέκνα δισσὰ τοῖσδε δώμασι,
Θεοκλύμενον ἄρσεν' [ὅτι δὴ θεοὺς σέβων
βίον διήνεγκ'] εὐγενῆ τε παρθένον
Εἰδώ, τὸ μητρὸς ἀγλάϊσμ' ὅτ' ἦν βρέφος·
ἐπεὶ δ' ἐς ἥβην ἦλθεν ὡραίαν γάμων,
καλοῦσιν αὐτὴν Θεονόην· τὰ θεῖα γὰρ
τά τ' ὄντα καὶ μέλλοντα πάντ' ἠπίστατο,
προγόνου λαβοῦσα Νηρέως τιμὰς πάρα.
Ἡμῖν δὲ γῆ μὲν πατρὶς οὐκ ἀνώνυμος
Σπάρτη, πατὴρ δὲ Τυνδάρεως· ἔστιν δὲ δὴ
λόγος τις ὡς Ζεὺς μητέρ' ἔπτατ' εἰς ἐμὴν
Λήδαν κύκνου μορφώματ' ὄρνιθος λαβών,
ὃς δόλιον εὐνὴν ἐξέπραξ' ὑπ' αἰετοῦ
δίωγμα φεύγων, εἰ σαφὴς οὗτος λόγος.
Ἑλένη δ' ἐκλήθην. Ἃ δὲ πεπόνθαμεν κακὰ
λέγοιμ' ἄν· ἦλθον τρεῖς θεαὶ κάλλους πέρι
Ἰδαῖον ἐς κευθμῶν' Ἀλέξανδρον πάρα,
Ἥρα Κύπρις τε διογενής τε παρθένος,
μορφῆς θέλουσαι διαπεράνασθαι κρίσιν.
Τοὐμὸν δὲ κάλλος, εἰ καλὸν τὸ δυστυχές,
Κύπρις προτείνασ' ὡς Ἀλέξανδρος γαμεῖ,
νικᾷ. Λιπὼν δὲ βούσταθμ' Ἰδαῖος Πάρις
Σπάρτην ἀφίκεθ' ὡς ἐμὸν σχήσων λέχος.

5. Ce fils est inconnu de l'*Odyssée* ; l'explication de son nom, si elle est conforme aux habitudes qui consistent à donner au fils un nom qui célèbre les qualités du père, est assez maladroitement raccordée et considérée comme une interpolation. Il souligne en tout cas, par l'identité du *premier terme*, le couple antithétique du fils et de la fille : **Théo**clymène et **Théo**noé.

6. La fille de Protée dans l'*Odyssée* (IV, 351) s'appelle Eidothée (« à l'apparence divine ») ; Eschyle avait déjà utilisé l'hypocoristique Eidô ; avec son changement de nom, elle passe de l'apparence à l'esprit.

un fils, Théoclymène [il lui choisit ce nom pour rendre hommage aux dieux qu'il vénéra lui-même tout le temps qu'il vécut][5] puis une noble vierge, Eidô, qui, tout enfant, fit l'orgueil de sa mère, mais qui, depuis qu'elle est dans la fleur de son âge et mûre pour l'hymen, a nom Théonoé[6], parce qu'elle connaît toutes choses divines, le présent, l'avenir[7] – privilège hérité de son aïeul Nérée.

Quant à moi, ma patrie est Sparte au nom fameux[8], et Tyndare est mon père : on raconte, il est vrai, que Zeus, prenant un jour l'apparence d'un cygne et fuyant dans le sein de ma mère Léda la poursuite d'un aigle[9], obtint par cette ruse ses faveurs : mais ce conte est-il digne de foi ?

J'ai reçu le nom d'Hélène, et mes malheurs, je vais les dire. Trois déesses, un jour, pour la beauté rivales, vinrent trouver Pâris dans un val de l'Ida : c'étaient Héra, Cypris, la vierge issue de Zeus. Et chacune voulait qu'en sa faveur l'arbitre décidât leur querelle et lui donnât le prix. Ainsi que d'un appât usant de ma beauté – s'il faut nommer beauté ce qui fait mon malheur – et promettant mon lit au berger Alexandre, Aphrodite triomphe, et Pâris, désertant ses troupeaux de l'Ida, vient à Sparte, assuré de gagner mon amour[10]. Héra,

7. À comparer à *Iliade*, I, 70 (à propos de Calchas).

8. Pour la formulation, comparer *Odyssée*, XIII, 239.

9. De même qu'Hélène a deux pères possibles, la séduction de Zeus opère une sorte de dédoublement entre l'oiseau dont il prend la forme et son propre oiseau, l'aigle, dont la prétendue poursuite lui permet de trouver refuge dans le sein de Léda. Cette version originale permet aussi de mettre l'accent sur la ruse à l'origine de cette union.

10. Le jugement de Pâris ne fait l'objet que d'une allusion dans l'*Iliade* (XXIV, 25-30), mais il était raconté dans les *Chants cypriens* – sur leur emploi par Euripide, voir la thèse de Fr. JOUAN, *Euripide et les Chants cypriens*, Paris, 1966, p. 95-109.

Ἥρα δὲ μεμφθεῖσ' οὕνεκ' οὐ νικᾷ θεάς,
ἐξηνέμωσε τἄμ' Ἀλεξάνδρῳ λέχη,
δίδωσι δ' οὐκ ἔμ', ἀλλ' ὁμοιώσασ' ἐμοὶ
εἴδωλον ἔμπνουν οὐρανοῦ ξυνθεῖσ' ἄπο.
Πριάμου τυράννῳ παιδί· καὶ δοκεῖ μ' ἔχειν —
κενὴν δόκησιν, οὐκ ἔχων. Τὰ δ' αὖ Διὸς
βουλεύματ' ἄλλα τοῖσδε συμβαίνει κακοῖς·
πόλεμον γὰρ εἰσήνεγκεν Ἑλλήνων χθονὶ
καὶ Φρυξὶ δυστήνοισιν, ὡς ὄχλου βροτῶν
πλήθους τε κουφίσειε μητέρα χθόνα
γνωτόν τε θείη τὸν κράτιστον Ἑλλάδος.
Φρυγῶν δ' ἐς ἀλκὴν προυτέθην ἐγὼ μὲν οὔ,
τὸ δ' ὄνομα τοὐμόν, ἆθλον Ἕλλησιν δορός.
Λαβὼν δέ μ' Ἑρμῆς ἐν πτυχαῖσιν αἰθέρος
νεφέλῃ καλύψας — οὐ γὰρ ἠμέλησέ μου
Ζεύς — τόνδ' ἐς οἶκον Πρωτέως ἱδρύσατο,
πάντων προκρίνας σωφρονέστατον βροτῶν,
ἀκέραιον ὡς σώσαιμι Μενέλεῳ λέχος.
Κἀγὼ μὲν ἐνθάδ' εἴμ', ὁ δ' ἄθλιος πόσις
στράτευμ' ἀθροίσας τὰς ἐμὰς ἀναρπαγὰς
θηρᾷ πορευθεὶς Ἰλίου πυργώματα.
Ψυχαὶ δὲ πολλαὶ δι' ἔμ' ἐπὶ Σκαμανδρίοις
ῥοαῖσιν ἔθανον· ἡ δὲ πάντα τλᾶσ' ἐγὼ
κατάρατός εἰμι καὶ δοκῶ προδοῦσ' ἐμὸν
πόσιν συνάψαι πόλεμον Ἕλλησιν μέγαν.
Τί δῆτ' ἔτι ζῶ; Θεοῦ τόδ' εἰσήκουσ' ἔπος
Ἑρμοῦ, τὸ κλεινὸν ἔτι κατοικήσειν πέδον
Σπάρτης σὺν ἀνδρί, γνόντος ὡς ἐς Ἴλιον

11. Nouvel emprunt aux *Chants cypriens*, selon les scholiastes ; la même explication se trouve dans *Électre*, 1280-1283 et *Oreste*, 1641 sq.

dans son dépit de ne point l'emporter sur les autres déesses, sut faire que Pâris, en croyant me saisir, n'embrassa que du vent. Ce qu'elle lui donna fut, au lieu de moi-même, une vivante image, et qu'à ma ressemblance elle avait su former d'un morceau de ciel. Et, au fils du roi Priam, il semble qu'il me possède, vaine semblance, quand il ne me possède pas. Par surcroît de malheur, le grand dessein de Zeus[11] vint apporter la guerre à la terre hellénique comme aux infortunés Troyens, pour soulager d'un peuple trop nombreux notre mère la terre et pour mettre à l'honneur le plus brave des Grecs.

Et, dans la guerre phrygienne, je fus proposée, non pas moi, mais mon nom, comme prix du combat pour les Grecs[12]. Car Hermès m'avait prise dans les plis de l'éther, entourée d'un nuage – car Zeus eut de moi souci – et déposée dans ce palais du roi Protée, choisi pour sa vertu parmi tous les mortels, pour qu'à Ménélas je conserve intacte sa couche. Je suis donc en ces lieux tandis que mon époux, l'infortuné, ayant assemblé une armée, poursuit mon rapt[13] jusque sous les murs d'Ilion. Or déjà, par ma faute, sur les bords du Scamandre ont péri bien des vies[14]. Et moi, qui ai enduré tout cela[15], je suis maudite et passe pour avoir, trahissant mon époux, provoqué cette guerre, grande et fatale pour le peuple des Hellènes. Pourtant je vis encor. Pourquoi ?... Ah ! c'est que j'ai la parole d'un dieu, la parole d'Hermès, que je dois quelque jour revoir la plaine illustre de Sparte, y demeurer auprès de mon époux, quand il

12. La syntaxe même de ce vers résume tout le tragique de la situation d'Hélène : ce n'est pas elle mais son nom qui est utilisé, et cependant la disposition de la phrase est telle que le verbe est à la première personne.

13. L'emploi de l'abstrait pour le concret est une figure de style qui ici correspond aussi à une réalité : il y eu rapt sans qu'elle soit ravie, et on lutte pour une « idée ».

14. À rapprocher de *Iliade*, I, 3-4.

15. Allusion à l'épithète d'Ulysse πολύτλας.

οὐκ ἦλθον, ἵνα μὴ λέκτρ᾽ ὑποστρώσω τινί.
Ἕως μὲν οὖν φῶς ἡλίου τόδ᾽ ἔβλεπεν

Πρωτεύς, ἄσυλος ἦ γάμων· ἐπεὶ δὲ γῆς
σκότῳ κέκρυπται, παῖς ὁ τοῦ τεθνηκότος
θηρᾷ γαμεῖν με. Τὸν πάλαι δ᾽ ἐγὼ πόσιν
τιμῶσα Πρωτέως μνῆμα προσπίτνω τόδε
ἱκέτις, ἵν᾽ ἀνδρὶ τἀμὰ διασώσῃ λέχη,
ὡς, εἰ καθ᾽ Ἑλλάδ᾽ ὄνομα δυσκλεὲς φέρω,
μή μοι τὸ σῶμά γ᾽ ἐνθάδ᾽ αἰσχύνην ὄφλῃ.

ΤΕΥΚΡΟΣ

Τίς τῶνδ᾽ ἐρυμνῶν δωμάτων ἔχει κράτος;
Πρωτέως γὰρ οἶκος ἄξιος προσεικάσαι,
βασίλειά τ᾽ ἀμφιβλήματ᾽ εὔθριγκοί θ᾽ ἕδραι.
Ἔα·
ὦ θεοί, τίν᾽ εἶδον ὄψιν; ἐχθίστην ὁρῶ
γυναικὸς εἰκὼ φόνιον, ἥ μ᾽ ἀπώλεσεν
πάντας τ᾽ Ἀχαιούς. Θεοί σ᾽, ὅσον μίμημ᾽ ἔχεις
Ἑλένης, ἀποπτύσειαν. Εἰ δὲ μὴ ᾽ν ξένῃ
γαίᾳ πόδ᾽ εἶχον, τῷδ᾽ ἂν εὐστόχῳ πτερῷ
ἀπόλαυσιν εἰκοῦς ἔθανες ἂν Διὸς κόρης.

ΕΛ. Τί δ᾽, ὦ ταλαίπωρ᾽ — ὅστις ὤν μ᾽ ἀπεστράφης
καὶ ταῖς ἐκείνης συμφοραῖς ἐμὲ στυγεῖς;

ΤΕ. Ἥμαρτον· ὀργῇ δ᾽ εἶξα μᾶλλον ἤ με χρῆν·
μισεῖ γὰρ Ἑλλὰς πᾶσα τὴν Διὸς κόρην.
Σύγγνωθι δ᾽ ἡμῖν τοῖς λελεγμένοις, γύναι.

16. Plutôt que de rapporter ce génitif au seul génitif de la phrase, Hermès (interprétation, par exemple, de J. et M. Bollack), mieux vaut en faire un génitif absolu un peu lâche, ayant Ménélas pour sujet (le problème de la reconnaissance de son innocence par les Grecs court dans toute la pièce : voir, par exemple, 930-931).

saura[16] que je ne suis pas allée à Ilion[17], me gardant d'entrer dans la couche d'un autre. Or donc, aussi longtemps que Protée vit le jour, il me fit respecter. Mais depuis qu'il est enseveli dans l'ombre de la terre, son fils cherche à m'épouser de force. Et moi, toujours fidèle à mon premier époux, je supplie à genoux ce tombeau de Protée de veiller sur ma couche et de la conserver intacte à Ménélas, afin que si mon nom en Grèce est diffamé, ici du moins mon corps soit sauvé de la honte.

Teucros, son arc à la main, entre par la droite.

TEUCROS. – Quel est donc le seigneur de ce puissant manoir ? On dirait à le voir le palais de Protée[18], tant l'enceinte est royale et la demeure altière ! Holà!... Dieux, quelle vision ! La plus maudite image de femme est devant moi, le portrait meurtrier de celle qui perdit tant de Grecs et moi-même[19] !

Femme, comme un crachat, que les dieux te rejettent loin d'eux, puisque tes traits rappellent ceux d'Hélène. Si mon pied ne foulait une terre étrangère, tu mourrais, expiant, de ce trait infaillible, le tort de ressembler à la fille de Zeus.

HÉLÈNE. – Que fais-tu, malheureux ? Qui es-tu pour te détourner ainsi de moi et haïr en moi les désastreux destins de cette Hélène ?

TEUCROS. – Je m'égare. Au courroux je cède outre mesure. C'est que l'Hellade entière hait la fille de Zeus ! Veuille me pardonner ce que j'ai dit, ô femme.

17. Première allusion à la palinodie de Stésichore.

18. Les manuscrits portent « Ploutos », dieu de la richesse, dont le nom peut aussi évoquer Pluton, le dieu riche en mort. La correction de Grégoire ne se justifie pas.

19. Hélène est ainsi devenue en quelque sorte l'image de son double meurtrier.

ΕΛ. Τίς δ' εἶ· πόθεν γῆς τῆσδ' ἐπεστράφης πέδον ;
ΤΕ. Εἷς τῶν Ἀχαιῶν, ὦ γύναι, τῶν ἀθλίων.
ΕΛ. Οὔ τἄρα σ' Ἑλένην εἰ στυγεῖς θαυμαστέον.
Ἀτὰρ τίς εἶ πόθεν ; τίνος δ' αὐδᾶν σε χρή ;
ΤΕ. Ὄνομα μὲν ἡμῖν Τεῦκρος, ὁ δὲ φύσας πατὴρ
Τελαμών, Σαλαμὶς δὲ πατρὶς ἡ θρέψασά με.
ΕΛ. Τί δῆτα Νείλου τούσδ' ἐπιστρέφῃ γύας ;
ΤΕ. Φίλοις πατρῴας ἐξελήλαμαι χθονός.
ΕΛ. Τλήμων ἂν εἴης· τίς δέ σ' ἐκβάλλει πάτρας ;
ΤΕ. Τελαμὼν ὁ φύσας. Τίν' ἂν ἔχοις μᾶλλον φίλον ;
ΕΛ. Ἐκ τοῦ ; τὸ γάρ τοι πρᾶγμα συμφορὰν ἔχει.
ΤΕ. Αἴας μ' ἀδελφὸς ὤλεσ' ἐν Τροίᾳ θανών.
ΕΛ. Πῶς ; οὔ τί που σῷ φασγάνῳ βίον στερείς ;
ΤΕ. Οἰκεῖον αὑτὸν ὤλεσ' ἅλμ' ἐπὶ ξίφος.
ΕΛ. Μανέντ' ; ἐπεὶ τίς σωφρονῶν τλαίη τάδ' ἄν ;
ΤΕ. Τὸν Πηλέως τιν' οἶσθ' Ἀχιλλέα γόνον ;
ΕΛ. Ναί·
μνηστήρ ποθ' Ἑλένης ἦλθεν, ὡς ἀκούομεν.
ΤΕ. Θανὼν ὅδ' ὅπλων ἔριν ἔθηκε συμμάχοις.
ΕΛ. Καὶ δὴ τί τοῦτ' Αἴαντι γίγνεται κακόν ;
ΤΕ. Ἄλλου λαβόντος ὅπλ' ἀπηλλάχθη βίου.

20. On ne le dit en fait guère qu'ici ; Hésiode déjà explique par sa jeunesse l'absence d'Achille parmi les prétendants d'Hélène (fr. 204

HÉLÈNE. – Qui es-tu ? De quels lieux viens-tu dans ces parages ?

TEUCROS. – Je suis, femme, un de ces malheureux Achéens…

HÉLÈNE. – Rien d'étonnant, dès lors, si tu maudis Hélène. Mais qui es-tu ? Quels sont ta patrie et ton père ?

TEUCROS. – Je me nomme Teucros, le père qui m'engendra, Télamon, et Salamine, la patrie qui m'a nourri.

HÉLÈNE. – Que viens-tu faire ici dans les plaines du Nil ?

TEUCROS. – Mes proches m'ont chassé de la terre natale.

HÉLÈNE. – Tu es donc bien à plaindre. Et qui te chasse ainsi ?

TEUCROS. – Mon père Télamon : est-il parent plus proche ?

HÉLÈNE. – Pourquoi ? Pareil destin suggère un grand malheur.

TEUCROS. – Mon frère Ajax, mort devant Troie, a fait ma perte.

HÉLÈNE. – Comment ? Est-ce ton fer qui lui a pris la vie ?

TEUCROS. – Non, il est mort en se jetant sur son épée.

HÉLÈNE. – Était-il fou ? Cet acte accuse la démence.

TEUCROS. – Connaîtrais-tu le fils de Pélée, cet Achille… ?

HÉLÈNE. – Oui… Il fut, dit-on, parmi les prétendants d'Hélène[20].

TEUCROS. – Les alliés, après sa mort, se disputèrent ses armes.

HÉLÈNE. – Qu'y eut-il en ceci de fatal pour Ajax ?

TEUCROS. – Outré qu'un autre les obtînt, il se tua.

M-W, 87-93), et Euripide semble avoir repris cette version dans une pièce de jeunesse, les *Skyrioi* (sur cette pièce, cf. Fr. JOUAN, cité n. 10, 205-218).

ΕΛ. Σὺ τοῖς ἐκείνου δῆτα πήμασιν νοσεῖς;
ΤΕ. Ὁθούνεκ' αὐτῷ γ' οὐ ξυνωλόμην δμοῦ.
ΕΛ. Ἦλθες γάρ, ὦ ξέν', Ἰλίου κλεινὴν πόλιν;
ΤΕ. Καὶ ξύν γε πέρσας αὐτὸς ἀνταπωλόμην.
ΕΛ. Ἤδη γὰρ ἧπται καὶ κατείργασται πυρί;
ΤΕ. Ὥστ' οὐδ' ἴχνος γε τειχέων εἶναι σαφές.
ΕΛ. Ὦ τλῆμον Ἑλένη, διὰ σ' ἀπόλλυνται Φρύγες.
ΤΕ. Καὶ πρός γ' Ἀχαιοί· μεγάλα δ' εἴργασται κακά.
ΕΛ. Πόσον χρόνον γὰρ διαπεπόρθηται πόλις;
ΤΕ. Ἑπτὰ σχεδόν τι καμπίμους ἐτῶν κύκλους.
ΕΛ. Χρόνον δ' ἐμείνατ' ἄλλον ἐν Τροίᾳ πόσον;
ΤΕ. Πολλὰς σελήνας, δέκα διελθούσας ἔτη.
ΕΛ. Ἦ καὶ γυναῖκα Σπαρτιᾶτιν εἵλετε;
ΤΕ. Μενέλαος αὐτὴν ἦγ' ἐπισπάσας κόμης.
ΕΛ. Εἶδες σὺ τὴν δύστηνον; ἢ κλύων λέγεις;
ΤΕ. Ὥσπερ σέ γ', οὐδὲν ἧσσον, δφθαλμοῖς δρῶ.
ΕΛ. Σκοπεῖτε μὴ δόκησιν εἴχετ' ἐκ θεῶν.
ΤΕ. Ἄλλου λόγου μέμνησο, μὴ κείνης ἔτι.
ΕΛ. Οὕτω δοκεῖτε τὴν δόκησιν ἀσφαλῆ;
ΤΕ. Αὐτως γὰρ ὄσσοις εἰδόμην καὶ νοῦς δρᾷ.

HÉLÈNE. – Et son malheur a fait, paraît-il, ton malheur ?

TEUCROS. – Oui, pour avoir vécu quand périssait mon frère.

HÉLÈNE. – Étranger, tu es donc allé dans l'illustre cité d'Ilion ?

TEUCROS. – J'ai aidé à la prendre et m'y perdis moi-même.

HÉLÈNE. – Et est-elle désormais brûlée et par le feu détruite ?

TEUCROS. – Au point que de ses murs n'apparaît nul vestige.

HÉLÈNE. – Pauvre Hélène ! Pour toi les Phrygiens sont morts[21].

TEUCROS. – Avec les Achéens ! De grands maux sont son œuvre.

HÉLÈNE. – Depuis quand la cité est-elle ainsi détruite ?

TEUCROS. – Sept années à peu près sont depuis révolues.

HÉLÈNE. – Combien d'autres, dis-moi, avait duré le siège ?

TEUCROS. – Bien des lunes, pendant le cours de dix années.

HÉLÈNE. – Et cette Spartiate, enfin, l'avez-vous prise ?

TEUCROS. – Ménélas la saisit aux cheveux, la traîna.

HÉLÈNE. – As-tu vu toi-même la malheureuse ? ou parles-tu par ouï-dire[22]?

TEUCROS. – Je l'ai vue de mes yeux, ainsi que je te vois.

21. À comparer aux vers 52-53.

22. Ce sont les deux sources traditionnelles du savoir, la vue étant toujours supérieure – ce qui n'empêche pas ici Hélène de se fier aux bruits qui courent.

ΕΛ. Ἤδη δ' ἐν οἴκοις σὺν δάμαρτι Μενέλεως;
ΤΕ. Οὔκουν ἐν Ἄργει γ' οὐδ' ἐπ' Εὐρώτα ῥοαῖς.
ΕΛ. Αἰαῖ· κακὸν τόδ' εἶπας οἷς κακὸν λέγεις.
ΤΕ. Ὡς κεῖνος ἀφανὴς σὺν δάμαρτι κλῄζεται.
ΕΛ. Οὐ πᾶσι πορθμὸς αὑτὸς Ἀργείοισιν ἦν;
ΤΕ. Ἦν, ἀλλὰ χειμὼν ἄλλοσ' ἄλλον ὥρισεν.
ΕΛ. Ποίοισιν ἐν νώτοισι ποντίας ἁλός;
ΤΕ. Μέσον περῶσι πέλαγος Αἰγαίου πόρου.
ΕΛ. Κἀκ τοῦδε Μενέλαν οὔτις εἶδ' ἀφιγμένον;
ΤΕ. Οὐδείς· θανὼν δὲ κλῄζεται καθ' Ἑλλάδα.
ΕΛ. Ἀπωλόμεσθα· Θεστιὰς δ' ἔστιν κόρη;
ΤΕ. Λήδαν ἔλεξας; οἴχεται θανοῦσα δή.
ΕΛ. Οὔ πού νιν Ἑλένης αἰσχρὸν ὤλεσεν κλέος;
ΤΕ. Φασίν, βρόχῳ γ' ἄψασαν εὐγενῆ δέρην.

23. Ce vers difficile se présente comme une quasi-citation d'Épicharme réfléchissant à la sensation : νοῦς ὁρῇ καὶ νοῦς ἀκούει· τἄλλα κωφὰ καὶ τυφλά (DK 23 B 12) ; sa forme gnomique lui permet de bien s'insérer dans la bouche d'un personnage qui ne veut pas trop se poser de questions sur les prestiges de la perception ; le contexte ne prédispose pas à des considérations philosophiques plus poussées. Plusieurs éditeurs athétisent le vers.

24. Le vers est difficile et la traduction de Grégoire supprime la polyptote. On a, littéralement, « malheureux est ce que tu as dit pour ceux à qui tu dis ce malheur » ou, en sous-entendant εἶναι, « pour ceux pour qui tu dis que c'est un malheur », avec une relative volontairement équivoque, qu'on pourrait essayer de rendre par « quel malheur tu dis là pour les victimes de ce malheur ! ».

25. À comparer au récit du héraut dans l'*Agamemnon*, 617 sq.

26. Ce suicide de Léda est inconnu par ailleurs. La lacune supposée par Grégoire – où serait évoquée Hermione – n'est pas admise par les éditeurs récents.

HÉLÈNE. – Prends garde ! Et si vous n'aviez qu'une semblance, envoyée par les dieux ?

TEUCROS. – Parle-moi d'autre chose, et cesse sur cette femme.

HÉLÈNE. – Cette semblance vous semble donc assurée ?

TEUCROS. – Je l'ai vu de mes yeux, et mon esprit le voit[23].

HÉLÈNE. – Et désormais Ménélas est-il dans ses foyers avec son épouse ?

TEUCROS. – Ni dans Argos ni sur les bords de l'Eurotas…

HÉLÈNE. – Hélas, avis fatal pour ceux dont tu me parles[24].

TEUCROS. – Disparus, elle et lui, selon le bruit qui court.

HÉLÈNE. – Tous les Grecs n'ont-ils pas navigué de conserve ?

TEUCROS. – Oui, mais les vents les ont dispersés çà et là.

HÉLÈNE. – En quel point de la mer les surprit la tempête ?

TEUCROS. – Au milieu du passage, en pleine mer Égée.

HÉLÈNE. – Depuis lors, nul n'a vu aborder Ménélas ?

TEUCROS. – Personne, et par la Grèce la rumeur le dit mort[25].

HÉLÈNE. – C'en est fait de moi. Et la fille de Thestios, est-elle en vie ?

TEUCROS. – Parles-tu de Léda ? Disparue aussi : morte !

HÉLÈNE. – Morte du déshonneur d'Hélène, n'est-ce pas ?

TEUCROS. – On le dit : dans un nœud elle enserra sa gorge[26] . . . .
. . . .
. . . .

ΕΛ. Οἱ Τυνδάρειοι δ' εἰσὶν ἢ οὐκ εἰσὶν κόροι;
ΤΕ. Τεθνᾶσι καὶ οὐ τεθνᾶσι· δύο δ' ἐστὸν λόγω.
ΕΛ. Πότερος ὁ κρείσσων; ὦ τάλαιν' ἐγὼ κακῶν.
ΤΕ. Ἄστροις σφ' ὁμοιωθέντε φάσ' εἶναι θεώ.
ΕΛ. Καλῶς ἔλεξας τοῦτο· θάτερον δὲ τί;
ΤΕ. Σφαγαῖς ἀδελφῆς οὕνεκ' ἐκπνεῦσαι βίον.
Ἅλις δὲ μύθων· οὐ διπλᾶ χρῄζω στένειν.
Ὧν δ' οὕνεκ' ἦλθον τούσδε βασιλείους δόμους,
τὴν θεσπιῳδὸν Θεονόην χρῄζων ἰδεῖν,
σὺ προξένησον, ὡς τύχω μαντευμάτων,
ὅπῃ νεὼς στείλαιμ' ἂν οὔριον πτερὸν
ἐς γῆν ἐναλίαν Κύπρον, οὗ μ' ἐθέσπισεν
οἰκεῖν Ἀπόλλων, ὄνομα νησιωτικὸν
Σαλαμῖνα θέμενον τῆς ἐκεῖ χάριν πάτρας.
ΕΛ. Πλοῦς, ὦ ξέν', αὐτὸς σημανεῖ· σὺ δ' ἐκλιπὼν
γῆν τήνδε φεῦγε πρίν σε παῖδα Πρωτέως
ἰδεῖν, ὃς ἄρχει τῆσδε γῆς· ἄπεστι δὲ
κυσὶν πεποιθὼς ἐν φοναῖς θηροκτόνοις·
κτείνει γὰρ Ἕλλην' ὅντιν' ἂν λάβῃ ξένον.
Ὅτου δ' ἕκατι, μήτε σὺ ζήτει μαθεῖν
ἐγώ τε σιγῶ· τί γὰρ ἂν ὠφελοῖμί σε;

27. L'*Iliade* (III, 236-242) dit que « c'est la glèbe, source de vie, qui les retenait dans leur Lacédémone, au sol même de leur patrie » (241-242), et Hélène, comme ici, pense qu'ils ont honte d'elle. Homère apparaît donc comme la source de la version la moins favorable, encore assombrie par Euripide, qui évoque aussi le suicide. Dans la meilleure version – qui, curieusement, est désignée par κρείττων, comme dans les *dittoi logoi* sophistiques –, la divinisation astrale est exprimée, comme le fait remarquer Kannicht, par le verbe ὁμοιοῦμαι: ils sont devenus semblables à des astres, dans cette pièce tissée de ressemblances.

HÉLÈNE. – Et les fils de Tyndare, sont-ils en vie ou non ?

TEUCROS. – Ils sont morts et point morts : car deux récits ont cours.

HÉLÈNE. – Quel est donc le meilleur ? Que de malheurs m'accablent !

TEUCROS. – On les dit devenus des dieux, changés en astres[27].

HÉLÈNE. – Certes, ce sort est beau ! – Que dit l'autre récit ?

TEUCROS. – Qu'ils ont tranché leurs jours par honte de leur sœur. Mais assez de discours : je ne veux pas gémir deux fois sur ces malheurs[28]. Or, à l'intention qui m'a fait rechercher ces demeures royales, pour consulter Théonoé la prophétesse, prête ton assistance[29] afin que j'obtienne l'oracle qui me dira comment les ailes de ma nef, sous un bon vent, me porteront vers le pays maritime de Chypre, où l'ordre prophétique d'Apollon m'enjoignit d'émigrer, transférant, en souvenir de mon insulaire patrie, le nom de Salamine à ce nouveau séjour[30].

HÉLÈNE. – La course de ta nef te servira d'oracle, étranger ! Mais va-t'en, hâte-toi de quitter ce rivage, devant que le fils de Protée, maître de ce pays, ne t'aperçoive ici. Il est absent ; avec ses chiens[31] il fait carnage de bêtes fauves. Fuis, car il tue tout étranger grec qui tombe entre ses mains… la cause, tu ne dois point chercher à l'apprendre. Moi-même je me tairai, car ce savoir t'est superflu.

28. C'est aussi ce que dit Ulysse à Pénélope : *Odyssée*, XIX, 115-122.

29. Euripide emploie le verbe technique προξενεῖν qui exprime la protection et l'introduction de consultants étrangers auprès d'un oracle (cf. *Andr.*, 1103 et *Ion*, 335 ; 1039).

30. Premières attestations de cette légende de fondation chez PINDARE, *N.* 4, 46 et dans les *Perses*, 891-896.

31. Littéralement : « confiant en ses chiens » ; l'expression a une saveur épique (cf. *Iliade*, IV, 303 ou *Odyssée*, VII, 34).

ΤΕ. Καλῶς ἔλεξας, ὦ γύναι· θεοὶ δέ σοι
ἐσθλῶν ἀμοιβὰς ἀντιδωρησαίατο.
Ἑλένῃ δ' ὅμοιον σῶμ' ἔχουσ' οὐ τὰς φρένας
ἔχεις ὁμοίας, ἀλλὰ διαφόρους πολύ.
Κακῶς ὄλοιτο μηδ' ἐπ' Εὐρώτα ῥοὰς
ἔλθοι· σὺ δ' εἴης εὐτυχὴς ἀεί, γύναι.

ΕΛ. Ὦ, μεγάλων ἀχέων καταβαλλομένα μέγαν οἶκτον,
ποῖον ἁμιλλαθῶ γόον; ἢ τίνα μοῦσαν ἐπέλθω
δάκρυσιν ἢ θρήνοις ἢ πένθεσιν; αἰαῖ.

Πτεροφόροι νεάνιδες, Str. 1.
παρθένοι Χθονὸς κόραι
Σειρῆνες, εἴθ' ἐμοῖς γόοις
μόλοιτ' ἔχουσαι Λίβυν
λωτὸν ἢ σύριγγας [ἢ φόρμιγγας], αἰλίνοις [κακοῖς]
τοῖς ἐμοῖσι σύνοχα δάκρυα,
πάθεσι πάθεα, μέλεσι μέλεα·
μουσεῖα θρηνήμα-
σι ξυνῳδὰ πέμψειε
Φερσέφασσα

32. Tout là encore évoque l'épopée : l'importance du « contre-don », la forme ionienne de la 3e personne ἀντιδωρήσαίατο et l'adjectif ἐσθλός.

33. Ce prélude est en hexamètres dactyliques. Willink (1990) – qui examine toutes les difficultés du texte – rapproche le participe καταβαλλόμενα de l'emploi épique de κατέρχομαι, pour exprimer cette idée de prélude.

34. Ce que Grégoire rend par « mode » est μοῦσαν, que les éditeurs dotent parfois de la majuscule ; le verbe employé accentue l'ambiguïté, puisqu'il peut signifier « consulter » (une personne) ou « recourir » (à une chose). Personnifiée, Μοῦσα préparerait l'introduction des Sirènes.

TEUCROS. – Femme, tu parles bien. Et que les dieux t'accordent leurs bienfaits en retour de tes propres offices[32]. Ton corps rappelle Hélène, il est vrai, mais non pas ton esprit, qui est bien supérieur. Puisse-t-elle périr misérablement et aux flots de l'Eurotas ne jamais revenir, tandis qu'à toi je souhaite au contraire d'être toujours fortunée, ô femme.

Teucros s'éloigne.

HÉLÈNE. – *À l'instant où je vais préluder*[33] *au thrène gémissant de mes grandes douleurs, ah ! quels sanglots pousser, ou quel mode*[34] *entonner ? Est-ce celui des pleurs, des plaintes ou des deuils ? Aï... aï...!*

Pendant qu'Hélène chante la première strophe de cette πάροδος, tournée vers le tombeau, dans l'orchestra entre peu à peu le Chœur, composé de captives grecques (v. 192) compagnes et suivantes d'Hélène.

Jouvencelles ailées, ô vierges filles de la terre, Sirènes[35]*, puissiez-vous venir à mes plaintes faire écho sur le lotos de Libye ou la syrinx*[36]*, apportant à mes cris funèbres des larmes bien à l'unisson, des accompagnements de peines à mes peines, et de chants à mes chants. Que Perséphone, afin de s'unir à mes thrènes, fasse*

35. Les Sirènes « funéraires », bien attestées sur les stèles attiques, font ici leur première apparition littéraire : elles sont les musiciennes de l'Hadès ; Willink trouve curieuse l'idée de les évoquer de l'Hadès, d'autant que c'est ensuite le palais infernal qui doit retentir et il suggère de corriger μόλοιτ' en ὁμολοῖτ', qui a aussi l'avantage de mieux justifier le datif γόοις (« puissiez-vous vous associer à mes sanglots... »).

36. La liste des instruments pose des problèmes, tant de mètre que de fond. Willink, comme Grégoire, athétise la *phorminx*, puisque tout à la fois cette plainte est « sans lyre » (*infra*, 185) et la lyre est jouée normalement par un joueur solitaire.

φόνια, χάριτας ἵν' ἐπὶ δάκρυσι
παρ' ἐμέθεν ὑπὸ μέλαθρα νύχια
παιᾶνα
νέκυσιν ὀλομένοις λάβῃ.

ΧΟΡΟΣ

Κυανοειδὲς ἀμφ' ὕδωρ Ant. 1.
ἔτυχον ἕλικά τ' ἀνὰ χλόαν
φοίνικας ἁλίου πέπλους
αὐγαῖσιν ἐν χρυσέαις
θάλπουσ' ἀμφὶ δόνακος ἔρνεσίν·
ἔνθεν οἰκτρὸν [ἀνεβόασεν] ὅμαδον ἔκλυον
ἄλυρον ἔλεγον, ὅ τι ποτ' ἔλακεν
⟨ἁ Λάκαιν' ἐν⟩ αἰάγμα-
σι στένουσα, Νύμφα τις
οἷα Ναῒς
ὄρεσι φυγάδα νόμον ἱεῖσα
γοερόν, ὑπὸ δὲ πέτρινα γύαλα
κλαγγαῖσι
Πανὸς ἀναβοᾷ γάμους.

ΕΛ. Ἰὼ ἰώ· Str. 2.
θήραμα βαρβάρου πλάτας,
Ἑλλανίδες κόραι,
ναύτας Ἀχαιῶν
τις ἔμολεν ἔμολε δάκρυα δάκρυσί μοι φέρων.
Ἰλίου κατασκαφαὶ
πυρὶ μέλουσι δαΐῳ
δι' ἐμὲ τὰν πολυκτόνον,
δι' ἐμὸν ὄνομα πολύπονον.
Λήδα δ' ἐν ἀγχόναις

monter vers nous de lugubres concerts, et reçoive en retour, dans son palais nocturne, le péan tout mouillé de pleurs que je dédie aux défunts dans la mort disparus[37].

LE CHŒUR. – *Auprès des flots d'un bleu profond, j'étendais sur l'herbe frisée les étoffes de pourpre aux rayons dorés du soleil. Je les faisais sécher sur la tige des joncs, lorsqu'un cri de détresse a frappé mon oreille, un chant de deuil, triste élégie qu'aucune lyre n'accompagne, une gémissante clameur poussée par la Laconienne, pareille à quelque Nymphe ou à quelque Naïade qui lance à travers la montagne son appel fugitif et plaintif, jailli des gorges rocheuses, et qui dénonce avec des cris stridents les amours violentes de Pan*[38].

HÉLÈNE. – *Iô! Iô! Butin des nefs barbares, filles d'Hellas, un nautonier d'Achaïe vint ici, vint ici, m'apporter des pleurs et des pleurs ! Les décombres de Troie se consument en proie à l'hostile incendie : à cause de moi, source de tant de morts, à cause de mon nom, source de tant de peines. Léda trouva la mort par un*

37. Le péan est normalement joyeux – associé aux plaintes aux Thargélies, il avait une valeur apotropaïque : cf. *OT*, 5 ; c'est par oxymore (fréquent dans la tragédie : cf. *Agam.*, 645, *Alc.*, 423-424 ; *Tro.*, 578, etc.) qu'il désigne un thrène ; ἐπὶ δάκρυσι rend cette tonalité explicite. Le quasi-pléonasme pour désigner les morts peut avoir une coloration homérique (cf. *Odyssée*, XI, 491).

38. Sur ce passage, à peu près désespéré, on peut se reporter à WILLINK. L'ajout du sujet « la Laconienne » est une initiative de Grégoire ; sans cet ajout, la virgule avant Νύμφα n'a plus de raison d'être, et ce mot devient très naturellement sujet avec οἷα Ναΐς comme comparant – le « ou » par lequel Grégoire les relie ne figurant pas dans le texte ; il faut ajouter que *νύμφα*, qui peut désigner une jeune femme ou une nymphe, facilite le glissement d'Hélène à la scène mythologique ; on aurait donc « ce qu'a fait entendre en gémissant à gros sanglots une *nympha*, telle une Naïade... ».

θάνατον ἔλαβεν αἰσχύ-
νας ἐμᾶς ὑπ' ἀλγέων.
Ὁ δ' ἐμὸς ἐν ἁλὶ πολυπλανὴς
πόσις ὀλόμενος οἴχεται,
Κάστορός τε συγγόνου τε
διδυμογενὲς ἄγαλμα πατρίδος
ἀφανὲς ἀφανὲς ἱππόκροτα λέ-
λοιπε δάπεδα γυμνάσιά τε
δονακόεντος Εὐρώ-
τα, νεανιᾶν πόνον.

ΧΟ. Αἰαῖ αἰαῖ· Ant. 2.
ὦ δαίμονος πολυστόνου
μοίρας τε σᾶς, γύναι.
Αἰὼν δυσαίων
τις ἔλαχεν ἔλαχεν, ὅτε σ' ἐτέκετο ματρόθεν
χιονόχρως κύκνου πτερῷ
Ζεὺς πρέπων δι' αἰθέρος.
Τί γὰρ ἄπεστί σοι κακῶν ;
τίνα δὲ βίοτον οὐκ ἔτλας ;
Μάτηρ μὲν οἴχεται,
δίδυμά τε Διὸς οὐκ εὐ-
δαιμονεῖ τέκεα φίλα,
χθόνα δὲ πάτριον οὐχ ὁρᾷς,
διὰ δὲ πόλεας ἔρχεται
βάξις, ἅ σε βαρβάροισι,
πότνια, παραδίδωσι λέχεσιν,
ὁ δὲ σὸς ἐν ἁλὶ κύμασί τε λέ-
λοιπε βίοτον, οὐδέ ποτ' ἔτι
πάτρια μέλαθρα καὶ τὰν
Χαλκίοικον ὀλβιεῖς.

lacet fatal, cédant à la douleur qui lui vint de ma honte. Et mon époux, sur la mer en butte à tant d'errances, a péri. Las ! il n'est plus ! Castor avec son frère, honneurs jumeaux de la patrie – disparus, disparus – ont déserté les dalles, sonnantes encor du pas de leurs chevaux, les gymnases au bord de l'Eurotas plein de roseaux, lieu où s'exerce la jeunesse.

LE CHŒUR. – *Malheur, malheur ! ô fortune féconde en longs gémissements, et qui est tienne, ô femme. Une vie qui n'en est pas une en partage t'échut*[39]*, du jour où t'engendra, dans le sein de ta mère, sous le plumage blanc d'un cygne, Zeus volant par l'éther ! Quel malheur, en effet, ne fut point dans ton lot ? Quelle vicissitude n'as-tu pas endurée ? Ta mère est morte, et les Jumeaux de Zeus ont cessé d'être heureux, ses enfants bien aimés. Tu ne vois pas la terre de ta patrie, et, par les cités, court la rumeur qui, au lit barbare, te livre, ô souveraine, tandis que ton époux a disparu là-bas dans les flots de la mer. Et plus jamais tu ne diras heureux*[40] *le palais de tes pères ni la Déesse à la demeure d'airain*[41]*, comme fait l'exilé qui connaît le bonheur du retour.*

39. Euripide emploie ici une figure d'oxymore étymologique qu'il affectionne : αἰὼν δυσαίων, « une vie qui n'est pas une vie » ; le grec dit que « cette vie a obtenu » Hélène, et non l'inverse ; pour ce tour, cf. *Iliade*, XXIII, 79.

40. Allusion au *makarismos* rituel.

41. Épiclèse d'Athéna à Sparte ; le temple d'Athéna Chalkioikos est encore attesté par Pausanias (III, 17, 2).

Φεῦ φεῦ, τίς ἢ Φρυγῶν
ἢ τίς Ἑλλανίας ἀπὸ χθονὸς
ἔτεμε τὰν δακρυόεσσαν
Ἰλίῳ πεύκαν ;
ἔνθεν ὀλόμενον σκάφος
συναρμόσας ὁ Πριαμίδας
ἔπλευσε βαρβάρῳ πλάτᾳ
τὰν ἐμὰν ἐφ' ἑστίαν,
ἐπὶ τὸ δυστυχέστατον
κάλλος, ὡς ἕλοι, γάμων
ἁμῶν· ἅ τε δόλιος,
ἁ πολυκτόνος Κύπρις
Δαναΐδαις ἄγουσα θάνατον [Πριαμίδαις]·
ὦ τάλαινα συμφορᾶς.
Ἐν δὲ χρυσέοις θρόνοις
Διὸς ὑπαγκάλισμα σεμνὸν
Ἥρα τὸν ὠκύπουν
ἔπεμψε Μαιάδος γόνον·
ὅς με χλοερὰ δρεπομέναν
ἔσω πέπλων ῥόδεα πέταλα,
Χαλκίοικον ὡς Ἀθάναν μόλοιμ',
ἀναρπάσας δι' αἰθέρος
τάνδε γαῖαν εἰς ἄνολβον
ἔριν ἔριν τάλαιναν ἔθετο
Πριαμίδαισιν Ἑλλάδος.
Τὸ δ' ἐμὸν ὄνομα
παρὰ Σιμουντίοις ῥοαῖσι
μαψίδιον ἔχει φάτιν.

ΧΟ. Ἔχεις μὲν ἀλγεῖν', οἶδα· σύμφορον δέ τοι
ὡς ῥᾷστα τἀναγκαῖα τοῦ βίου φέρειν.

HÉLÈNE. – *Hélas, hélas, quel est le Phrygien, ou l'homme né sur la terre hellénique*[42], *dont la hache abattit le pin qui fait pleurer Ilion ? C'est de ce bois que le fils de Priam charpenta le vaisseau maudit qu'il fit voguer, poussé par l'aviron barbare, vers mes foyers, vers ma beauté malheureuse entre toutes, afin de gagner mon amour*[43]. *Et avec lui vint la trompeuse, Cypris, source de tant de morts, menant la mort contre les Danaens. Hélas sur mon malheur ! Héra alors, la déesse auguste que Zeus embrasse en son lit d'or, Héra dépêcha le fils de Maïa aux pieds rapides. Et tandis que, dans les plis de ma robe, je recueillais une moisson de roses fraîches*[44], *pour aller au temple d'Athéna à la demeure d'airain, voilà qu'Hermès m'enlève, et par les airs m'emporte jusqu'en ces terres désolées, faisant de moi, l'infortunée, l'enjeu du grand conflit, du conflit qui divise les Priamides et l'Hellade. Depuis, aux bords du Simoïs, mon nom suscite de vains bruits...*

LE CHŒUR. – Tu souffres, je le sais, mais il convient, ô femme, de supporter aussi facilement que possible les nécessités de la vie.

42. Hellénisme consistant à associer deux antonymes pour désigner la totalité, ce qui revient à demander « Qui au monde... ».

43. Vers difficiles à éditer et pour lesquels Grégoire ne traduit pas ce qu'il a édité : « vers la si malheureuse beauté [écho des v. 27 et 236 ?] de mon mariage, afin qu'il s'en empare – dont il voulait s'emparer ». S'il y a écho des vers précédents, la beauté appartient à Hélène, et il faut corriger le génitif (Wilamowitz a proposé γάμῳ, « pour qu'il s'en empare par le mariage »).

44. Tableau plus précis et poétique que dans la prologue, qui, à la fois répond à la gracieuse description de l'antistrophe des choreutes étendant le linge [souvenir de la « lessive » de Nausicaa] et appuie le rapprochement avec l'archétype de Korè, traditionnellement enlevée dans un *leimôn* – même chose pour Europe dont l'enlèvement est décrit à l'époque hellénistique par Moschos.

ΕΛ. Φίλαι γυναῖκες, τίνι πότμῳ συνεζύγην;
Ἆρ' ἡ τεκοῦσά μ' ἔτεκεν ἀνθρώποις τέρας;
γυνὴ γὰρ οὔθ' Ἑλληνὶς οὔτε βάρβαρος
τεῦχος νεοσσῶν λευκὸν ἐκλοχεύεται,
ἐν ᾧ με Λήδαν φασὶν ἐκ Διὸς τεκεῖν.
Τέρας γὰρ ὁ βίος καὶ τὰ πράγματ' ἐστί μου,
τὰ μὲν δι' Ἥραν, τὰ δὲ τὸ κάλλος αἴτιον.
Εἴθ' ἐξαλειφθεῖσ' ὡς ἄγαλμ' αὖθις πάλιν
αἴσχιον εἶδος ἀντὶ τοῦ καλοῦ 'λαβον,
καὶ τὰς τύχας μὲν τὰς κακὰς ἃς νῦν ἔχω
Ἕλληνες ἐπελάθοντο, τὰς δὲ μὴ κακὰς
ἔσῳζον ὥσπερ τὰς κακὰς σῴζουσί μου.
Ὅστις μὲν οὖν ἐς μίαν ἀποβλέπων τύχην
πρὸς θεῶν κακοῦται, βαρὺ μέν, οἰστέον δ' ὅμως·
ἡμεῖς δὲ πολλαῖς συμφοραῖς ἐγκείμεθα.
Πρῶτον μὲν οὐκ οὖσ' ἄδικος, εἰμὶ δυσκλεής·
καὶ τοῦτο μεῖζον τῆς ἀληθείας κακόν,
ὅστις τὰ μὴ προσόντα κέκτηται κακά.
Ἔπειτα πατρίδος θεοί μ' ἀφιδρύσαντο γῆς
ἐς βάρβαρ' ἤθη, καὶ φίλων τητωμένη
δούλη καθέστηκ' οὖσ' ἐλευθέρων ἄπο·
τὰ βαρβάρων γὰρ δοῦλα πάντα πλὴν ἑνός.
Ἄγκυρα δ' ἥ μου τὰς τύχας ὤχει μόνη.
πόσιν ποθ' ἥξειν καί μ' ἀπαλλάξειν κακῶν —
οὗτος τέθνηκεν, οὗτος οὐκέτ' ἔστι δή.

HÉLÈNE. – À quel destin suis-je enchaînée, ô mes amies ! Ma naissance, déjà, fut un prodige : car, qui donc avait jamais vu Grecque, ou bien Barbare, mettre au jour ses enfants dans une coque blanche, comme Léda qui m'a, dit-on, conçue de Zeus[45] ?... Prodige que ma vie et ce qui m'est arrivé, pour une part à cause d'Héra, mais aussi par la faute de ma beauté. Ah ! si mes traits avaient pu être effacés, comme ceux d'une image[46], et que j'eusse pris nouveau visage, laid au lieu de beau ! Si les Grecs avaient pu oublier le mal qui m'est aujourd'hui attaché, et ne conservaient que ce qui n'est pas mal, comme ils conservent aujourd'hui tout le mal de mon destin ! Certes, ceux qui des dieux encourent la disgrâce sur un point, si lourd que soit leur sort, doivent néanmoins le supporter ; mais, nous, innombrables sont les malheurs où nous sommes plongée. D'abord, bien qu'innocente, on me croit une infâme. Or, se voir imputer des fautes inventées est pire encor que la réalité du mal. Puis, je fus par les dieux exilée de la terre de mes aïeux et transportée chez les barbares, où, loin des miens, alors que je suis d'origine libre, je suis esclave : les barbares sont tous esclaves, sauf un seul ! Quant à l'ancre qui, seule, soutenait mon destin, l'espoir qu'un jour arriverait mon époux et qu'il me délivrerait de mes maux ... eh bien, voici que cet époux est mort, voici

45. Les vers 257-259 sont athétisés par la plupart des éditeurs, qui juxtaposent ainsi les deux τέρας des v. 256 et 260.

46. Ἄγαλμα peut désigner aussi bien une peinture qu'une statue – qui était peinte à époque classique ; le même mot est employé pour le fantôme (705, 1219), ce qui fait pencher l'interprétation plutôt vers une statue polychrome.

Μήτηρ δ' ὄλωλε, καὶ φονεὺς αὐτῆς ἐγώ,
ἀδίκως μέν, ἀλλὰ τἄδικον τοῦτ' ἔστ' ἐμόν·
ὃ δ' ἀγλάισμα δωμάτων ἐμοῦ τ' ἔφυ,
θυγάτηρ ἄνανδρος πολιὰ παρθενεύεται·
τὼ τοῦ Διὸς δὲ λεγομένω Διοσκόρω
οὐκ ἐστόν. Ἀλλὰ πάντ' ἔχουσα δυστυχῆ
τοῖς πράγμασιν τέθνηκα, τοῖς δ' ἔργοισιν οὔ.
Τὸ δ' ἔσχατον τοῦτ', εἰ μόλοιμεν ἐς πάτραν,
κλῄθροις ἂν εἰργοίμεσθα — τὴν ὑπ' Ἰλίῳ
δοκοῦντες Ἑλένην Μενέλεώ μ' ἔρρειν μέτα.
Εἰ μὲν γὰρ ἔζη πόσις, ἀνεγνώσθημεν ἂν
ἐλθόντες, ἃ φανέρ' ἦν μόνοις, ἐς ξύμβολα.
Νῦν δ' οὔτε τοῦτ' ἔστ' οὔτε μὴ σωθῇ ποτε.
Τί δῆτ' ἔτι ζῶ; τίν' ὑπολείπομαι τύχην;
γάμους ἑλομένη τῶν κακῶν ὑπαλλαγάς,
μετ' ἀνδρὸς οἰκεῖν βαρβάρου πρὸς πλουσίαν
τράπεζαν ἵζουσ'; ἀλλ' ὅταν πόσις πικρὸς
ξυνῇ γυναικί, καὶ τὸ σῶμ' ἐστὶν πικρόν.
Θανεῖν κράτιστον· πῶς θάνοιμ' ἂν οὖν καλῶς;
Ἀσχήμονες μὲν ἀγχόναι μετάρσιοι,
κἀν τοῖσι δούλοις δυσπρεπὲς νομίζεται·

47. Expression très maniérée et difficile, qui joue toujours de ce qui est et n'est pas ; « je suis sa meurtrière, injustement [adverbe très ambigu, qui doit signifier qu'elle est considérée comme telle injustement], mais cette injustice est mienne » : paradoxe de la culpabilité d'Hélène, qui se rend responsable des actes de son double.

qu'il n'est plus ! Ma mère est morte aussi : c'est moi qui l'ai tuée. Oui, sa mort est un crime, et ce crime est le mien[47]. Et celle qui faisait la joie de ma demeure, ma fille, sans époux, blanchit solitaire. Les fils de Zeus aussi, les fameux Dioscures[48], ne sont plus. Et moi-même, en tout point malheureuse, je suis, morte en effet, bien que toujours en vie[49]. Et le pire est encor que si je rentrais un jour dans ma patrie, on me fermerait la porte. Car si j'étais vraiment l'Hélène d'Ilion, n'aurais-je pas péri ainsi que Ménélas[50] ? Si mon époux était en vie, à mon retour il m'aurait reconnue à des signes secrets pour tout autre que nous[51]. Mais cela n'est pas possible, et il n'y a pas le moindre espoir qu'il arrive jamais sain et sauf.

À quoi bon vivre encor ? Quelle chance me reste ? D'un autre hymen attendre un remède à mes maux, vivre près d'un barbare assise à une riche table ? Mais forcée de subir un époux qu'elle hait, la femme prend sa propre existence en dégoût. Non, non : mieux vaut mourir, mais mourir en beauté ! La triste pendaison répugne, et semble infâme, même aux esclaves. Mais belle au

48. Autre sens possible : « Ceux que l'on dit fils de Zeus, les Dioscures » – ce qui est à la fois une explication étymologique de leur nom et une assertion dubitative dans le style des vers 17-21 pour sa propre naissance.

49. Nouvelle expression très difficile, qui oppose deux expressions ordinairement synonymes (et antonymes de λόγοις), πράγμασι et ἔργοις; A.-M. Dale rapproche la première de l'expression πράττειν avec adverbe ; on peut comprendre quelque chose comme « je suis dans la situation d'une morte, sans l'être réellement ».

50. Texte diversement corrigé : μ' ἔρρειν est une correction de Grégoire là où L transmet μ' ἐλθεῖν.

51. Le détail de la construction est là aussi délicat, mais l'allusion à *Odyssée*, XXIII, 109-110 n'est pas douteuse.

σφαγαὶ δ' ἔχουσιν εὐγενές τι καὶ καλόν,
σμικρὸς δ' ὁ καιρὸς ἄρθρ' ἀπαλλάξαι βίου.
Ἐς γὰρ τοσοῦτον ἤλθομεν βάθος κακῶν·
αἱ μὲν γὰρ ἄλλαι διὰ τὸ κάλλος εὐτυχεῖς
γυναῖκες, ἡμᾶς δ' αὐτὸ τοῦτ' ἀπώλεσεν.
ΧΟ. Ἑλένη, τὸν ἐλθόνθ', ὅστις ἐστὶν ὁ ξένος,
μὴ πάντ' ἀληθῆ δοξάσῃς εἰρηκέναι
ΕΛ. Καὶ μὴν σαφῶς γ' ἔλεξ' ὀλωλέναι πόσιν.
ΧΟ. Πόλλ' ἂν γένοιτο καὶ διὰ ψευδῶν σαφῆ.
ΕΛ. Καὶ τἄμπαλίν γε τῶνδ' ἀληθείας ἔπη.
ΧΟ. Ἐς ξυμφορὰν γὰρ ἀντὶ τἀγαθοῦ φέρῃ.
ΕΛ. Φόβος γὰρ ἐς τὸ δεῖμα περιβαλών μ' ἄγει.
ΧΟ. Πῶς δ' εὐμενείας τοισίδ' ἐν δόμοις ἔχεις;
ΕΛ. Πάντες φίλοι μοι πλὴν ὁ θηρεύων γάμους.
ΧΟ. Οἶσθ' οὖν ὃ δρᾶσον; μνήματος λιποῦσ' ἕδραν —
ΕΛ. Ἐς ποῖον ἕρπεις μῦθον ἢ παραίνεσιν;
ΧΟ. Ἐλθοῦσ' ἐς οἴκους, ἣ τὰ πάντ' ἐπίσταται,
τῆς ποντίας Νηρῆδος ἐκγόνου κόρης,
πυθοῦ πόσιν σὸν Θεονόης, εἴτ' ἔστ' ἔτι

52. Le vers 298, dont Grégoire restitue à peu près le sens général quel que soit le texte retenu, est diversement corrigé par les éditeurs à partir du προθάνοιμ' ἂν οὐ de L ; si tous transforment le préverbe προ- en interrogatif πῶς, le οὐ, corrigé en οὖν par Estienne, suivi par Grégoire, est conservé par d'autres et donne peut-être un sens meilleur – fausse interrogation rhétorique : « comment ne mourrais-je pas noblement ? », « comment ma mort ne serait pas noble ? ». Et, dans ce

contraire, et digne, est la mort par le fer. Et l'instant est si bref qui tranche d'un seul coup les liens de la vie[52] ! Quel abîme de maux, l'abîme où j'ai sombré ! Car, si la beauté fait le bonheur des autres femmes, moi, elle a fait ma perte.

LE CHŒUR. – Hélène, quel qu'il fût, cet étranger errant, ne crois pas qu'il t'ait dit sur tout la vérité.

HÉLÈNE. – Il fut net sur un point : la mort de mon époux.

LE CHŒUR. – Les propos les plus clairs sont mensongers souvent.

HÉLÈNE. – Non, la clarté plutôt est l'indice du vrai[53].

LE CHŒUR. – Tu vas vers le malheur, plutôt que vers le bien.

HÉLÈNE. – C'est que la peur m'étreint et me rend défiante.

LE CHŒUR. – As-tu quelques amis, dis-moi, dans ce palais ?

HÉLÈNE. – Tous le sont, sauf celui qui me veut pour épouse.

LE CHŒUR. – Écoute mon conseil, et quitte ce tombeau.

HÉLÈNE. – À quel avis, dis-moi, veux-tu donc en venir ?

LE CHŒUR. – Va chez Théonoé qui connaît toutes choses, la fille de la marine Néréide ; demande-lui quel

cas, les vers 299-302 sont athétisés (DIGGLE athétise aussi 298). En les conservant, Grégoire considère l'interrogation comme véritable : « comment donc mourrais-je noblement ? »

53. Les vers 308-310 ramènent au premier plan le problème de la clarté, de l'évidence, exprimée par σαφές, et qui se pose donc à Hélène (déjà en 21 pour le *logos* de ses origines divines) comme à Ménélas (577) ou encore au vieillard (701) et au Chœur (1149) ; sur ce point, voir CASSIN ; l'interprétation du vers 310 est particulièrement difficile, et le texte retenu par Grégoire est une correction de Hermann, qui transpose le ἔπη de 309 en 310 et, conséquemment, place le σαφῆ de 310 en 309.

εἶτ' ἐκλέλοιπε φέγγος· ἐκμαθοῦσα δ' εὖ
πρὸς τὰς τύχας τὸ χάρμα τοὺς γόους τ' ἔχε.
Πρὶν δ' οὐδὲν ὀρθῶς εἰδέναι, τί σοι πλέον
λυπουμένῃ γένοιτ' ἄν; ἀλλ' ἐμοὶ πιθοῦ·
τάφον λιποῦσα τόνδε σύμμειξον κόρῃ
ὅθενπερ εἴσῃ πάντα· τἀληθῆ φράσαι
ἔχουσ' ἐν οἴκοις τοῖσδε, τί βλέπεις πρόσω;
Θέλω δὲ κἀγὼ σοὶ συνεισελθεῖν δόμους
καὶ συμπυθέσθαι παρθένου θεσπίσματα·
γυναῖκα γὰρ δὴ συμπονεῖν γυναικὶ χρή.

ΕΛ. Φίλαι, λόγους ἐδεξάμαν·
βᾶτε βᾶτε δ' ἐς δόμους,
ἀγῶνας ἐντὸς οἴκων
ὡς πύθησθε τοὺς ἐμούς.

ΧΟ. Θέλουσαν οὐ μόλις καλεῖς.

ΕΛ. Ἰὼ μέλεος ἁμέρα.
Τίν' ἄρα τάλαινα τίνα δακρυό-
εντα λόγον ἀκούσομαι;

ΧΟ. Μὴ πρόμαντις ἀλγέων
προλάμβαν', ὦ φίλα, γόους.

ΕΛ. Τί μοι πόσις μέλεος ἔτλα;
πότερα δέρκεται φάος
τέθριππά θ' ἁλίου κέλευθά τ' ἀστέρων,
ἢ 'ν νέκυσι κατὰ χθονὸς
τὰν χθόνιον ἔχει τύχαν;

ΧΟ. Ἐς τὸ φέρτερον τίθει
τὸ μέλλον, ὅ τι γενήσεται.

fut le sort de ton époux, s'il est encore en vie, s'il ne voit plus le jour. Et tu pourras alors, connaissant ton destin, à coup sûr te livrer à la joie ou aux pleurs. Car à quoi bon pleurer, avant de rien savoir de science certaine ? Allons, écoute-moi. Laisse donc cette tombe, et va trouver la vierge par la bouche de qui te sera révélée toute la vérité. Possédant en ces lieux un oracle aussi sûr, pourquoi chercher ailleurs ? Je veux t'accompagner moi-même en sa demeure, consulter avec toi la vierge prophétique. Car les femmes toujours se doivent entraider.

Pendant le dialogue lyrique, le Chœur, répondant à l'invitation d'Hélène, qui elle-même agrée la suggestion du Coryphée, passe de l'orchestra sur la scène, défile devant Hélène et entre dans le palais. Cette métastase du Chœur devait prendre quelque temps. On peut supposer qu'elle s'achevait pendant qu'Hélène déclamait son invocation dactylique à Callisto et à la Titanide fille de Mérops, v. 375-385.

HÉLÈNE. – *Ô mes amies, j'accepte vos conseils. Entrez, entrez au palais pour apprendre, au fond de ces demeures, les angoisses qui m'attendent.*

LE CHŒUR. – *De tout mon cœur je réponds à l'appel.*

HÉLÈNE. – *Hélas, malheureux jour ! Quelle nouvelle, infortunée, quelle nouvelle grosse de larmes vais-je entendre ?*

LE CHŒUR. – *Ne va pas, anticipant les douleurs, anticiper, amie, les pleurs.*

HÉLÈNE. – *Qu'a souffert mon malheureux époux ? Voit-il encore la lumière ? Ses yeux suivent-ils à la trace les quatre coursiers d'Hélios ou bien la marche des étoiles ? Ou parmi les morts, sous la terre, habite-t-il pour toujours ?*

LE CHŒUR. – *Quel que doive être l'avenir, aie foi dans la bonté du sort.*

ΕΛ. Σὲ γὰρ ἐκάλεσα, σὲ δὲ κατόμοσα,
τὸν ὑδρόεντα δόνακι χλωρὸν
Εὐρώταν, θανόντος
εἰ βάξις ἔτυμος ἀνδρὸς
ἄδε μοι — ΧΟ. Τί τάδ' ἀσύνετα ; —
ΕΛ. φόνιον αἰώρημα
διὰ δέρης ὀρέξομαι,
ἢ ξιφοκτόνον δίωγμα
λαιμορύτου σφαγᾶς
αὐτοσίδαρον ἔσω πελάσω διὰ σαρκὸς ἅμιλλαν,
θῦμα τριζύγοις θεαῖσι
τῷ τε σύριγγ' ἀοιδὸν σεβί-
ζοντι Πριαμίδᾳ ποτ' ἀμφὶ βουστάθμους.
ΧΟ. Ἄλλοσ' ἀποτροπὰ κακῶν
γένοιτο, τὸ δὲ σὸν εὐτυχές.
ΕΛ. Ἰὼ Τροία τάλαινα,
δι' ἔργ' ἄνεργ' ὄλλυσαι
μέλεά τ' ἔτλας· τὰ δ' ἐμὰ δῶρα
Κύπριδος ἔτεκε πολὺ μὲν αἷμα,
πολὺ δὲ δάκρυον· ἄχεά τ' ἄχεσι,
δάκρυα δάκρυσιν ἔλαβε, πάθεα...
Ματέρες τε παῖδας ὄλεσαν,

HÉLÈNE. – *C'est toi, toi que j'invoque, par toi j'en fais serment, ondoyant Eurotas, verdoyant de roseaux, si le bruit de la mort de mon époux s'affirme...*

LE CHŒUR. – *Quels sont ces mots que je ne puis comprendre*[54] *?*

HÉLÈNE. – *D'un nœud de mort, d'un nœud suspendu, j'enlacerai mon cou, ou bien, d'un grand effort, j'enfoncerai dans ma chair la lame entière d'une épée, dont la meurtrière poussée ouvrira dans ma gorge une source de sang, et je m'immolerai aux trois déesses, au Priamide qui jadis faisait près de ses bergeries chanter la syrinx !*

LE CHŒUR. – *Puissent ailleurs se détourner ces maux et ton lot être heureux !*

HÉLÈNE. – *Ô malheureuse Troie, pour un forfait qui ne fut pas commis, tu péris, et bien malheureux est le sort que tu as subi. Le présent que Cypris a fait de ma personne fit couler à torrents les larmes et le sang. Elle prit en échange peines sur peines et pleurs sur pleurs, souffrances sur souffrances. Les mères ont perdu leurs*

54. L'attribution de cette question au Chœur, lequel intervient partout ailleurs par deux vers (à l'exception du vers unique initial en 334), n'est pas donnée par L et est très improbable ; il s'agit plutôt d'une fausse question d'Hélène à elle-même – « mais à quoi bon ces mots sans raison ? », c'est-à-dire la conditionnelle qu'elle vient de prononcer et qui semble laisser un espoir.

ἀπὸ δὲ παρθένοι κόμας
ἔθεντο σύγγονοι νεκρῶν Σκαμάνδριον
ἀμφὶ Φρύγιον οἶδμα.
Βοὰν βοὰν δ' Ἑλλὰς
κελάδησεν κἀνοτότυξεν,
ἐπὶ δὲ κρατὶ χέρας ἔθηκεν,
ὄνυχι δ' ἁπαλόχροα γένυν
ἔδευσεν φονίαισι πλαγαῖς.

Ὦ μάκαρ Ἀρκαδίᾳ ποτὲ παρθένε Καλλιστοῖ, Διὸς
ἃ λεχέων ἐπέβας τετραβάμοσι γυίοις,
ὡς πολὺ ματρὸς ἐμᾶς ἔλαχες πλέον,
ἁ μορφᾷ θηρῶν λαχνογυίων —
ὄμματι λάβρῳ σχῆμα λεαίνας —
ἐξαλλάξασ' ἄχθεα λύπας·
ἅν τέ ποτ' Ἄρτεμις ἐξεχορεύσατο
χρυσοκέρατ' ἔλαφον Μέροπος Τιτανίδα κούραν
καλλοσύνας ἕνεκεν· τὸ δ' ἐμὸν δέμας
ὤλεσεν ὤλεσε πέργαμα Δαρδανίας
ὀλομένους τ' Ἀχαιούς.

ΜΕΝΕΛΑΟΣ

Ὦ τὰς τεθρίππους Οἰνομάῳ Πῖσαν κάτα
Πέλοψ ἁμίλλας ἐξαμιλληθείς ποτε,

55. Sur le parallèle avec Callisto, elle aussi perdue par une beauté qu'elle porte dans son nom, et les difficultés du texte, voir la note de DIGGLE, *Dionysiaca (Mélanges Page)*, Cambridge University Press, 1978, p. 159-162 ; il fait remarquer en particulier qu'elle n'est pas entrée, mais sortie du lit métamorphosée en ourse (d'où la correction

fils, les vierges ont posé, pour le deuil de leurs frères, leur chevelure sur la berge du phrygien Scamandre, et l'Hellade a poussé les cris, les cris lugubres des pleureuses. Elle a frappé sa tête de ses mains ; ses ongles ont, de rouges meurtrissures, ensanglanté de tendres joues.

Ô trop heureuse vierge, ô toi Callisto d'Arcadie qui, métamorphosée en quadrupède, entras dans la couche de Zeus, ah ! ton sort fut plus doux que le sort de ma mère[55]*; car sous l'aspect d'un fauve au corps velu, d'une lionne à l'œil farouche*[56]*, tu échappas au fardeau de la peine. Et tu fus bienheureuse aussi, ô Titanide, ô fille de Mérops, toi qu'Artémis, à cause de ta beauté, chassa de son cortège, et qui reçus la forme d'une biche aux cornes d'or, tandis que mon corps à moi a perdu, a ruiné les hauts remparts de Dardanie, et fait périr tant d'Achéens !*

Hélène, suivant le Chœur, pénètre à son tour dans le palais, sans doute par une porte latérale, pour y consulter l'oracle de Théonoé. C'est sur une scène vide et devant une orchestra déserte que paraît Ménélas, entrant, comme Teucros, par la droite. Le roi est pitoyablement affublé de lambeaux de voiles.

MÉNÉLAS. – Pélops, toi qui jadis, rival d'Œnomaos, à Pise disputas la course du quadrige, pourquoi n'es-tu

proposée de ἐπέβας en ἀπέβας) ; par ailleurs, la comparaison « majeure » étant entre Hélène et les deux autres beautés, l'apparition de sa mère a de quoi surprendre, et il propose de lire κηρός, confondu avec l'abréviation du génitif $\overline{\mu\rho o\varsigma}$ (μητρός) pour comprendre : « tu as obtenu bien davantage que mon lot ».

56. Vers désespéré, où l'on ne voit pas ce que vient faire la lionne dans une métamorphose en ourse.

εἴθ' ὤφελες τότ', [ἡνίκ' ἔρανον εἰς θεοὺς
πεισθεὶς ἐποίεις,] ἤθεος λιπεῖν βίον,
πρὶν τὸν ἐμὸν Ἀτρέα πατέρα γεννῆσαί ποτε,
ὃς ἐξέφυσεν Ἀερόπης λέκτρων ἄπο
Ἀγαμέμνον' ἐμέ τε Μενέλεων, κλεινὸν ζυγόν·
πλεῖστον γὰρ οἶμαι — καὶ τόδ' οὐ κόμπῳ λέγω —
στράτευμα κώπῃ διορίσαι Τροίαν ἔπι,
τύραννος οὐδὲν πρὸς βίαν στρατηλατῶν,
ἑκοῦσι δ' ἄρξας Ἑλλάδος νεανίαις.
Καὶ τοὺς μὲν οὐκέτ' ὄντας ἀριθμῆσαι πάρα,
τοὺς δ' ἐκ θαλάσσης ἀσμένους πεφευγότας,
νεκρῶν φέροντας ὀνόματ' εἰς οἴκους πάλιν.
Ἐγὼ δ' ἐπ' οἶδμα πόντιον γλαυκῆς ἁλὸς
τλήμων ἀλῶμαι χρόνον ὅσονπερ Ἰλίου
πύργους ἔπερσα, κἀς πάτραν χρῄζων μολεῖν
οὐκ ἀξιοῦμαι τοῦδε πρὸς θεῶν τυχεῖν.
Λιβύης δ' ἐρήμους ἀξένους τ' ἐπιδρομὰς
πέπλευκα πάσας· χὤταν ἐγγὺς ὦ πάτρας,
πάλιν μ' ἀπωθεῖ πνεῦμα, κοὔποτ' οὔριον
ἐσῆλθε λαῖφος ὥστε μ' ἐς πάτραν μολεῖν.
Καὶ νῦν τάλας ναυαγὸς ἀπολέσας φίλους
ἐξέπεσον ἐς γῆν τήνδε· ναῦς δὲ πρὸς πέτρας
πολλοὺς ἀριθμοὺς ἄγνυται ναυαγίων.
Τρόπις δ' ἐλείφθη ποικίλων ἁρμοσμάτων,
ἐφ' ἧς ἐσώθην μόλις ἀνελπίστῳ τύχῃ

57. Avec une nuance plus désespérée, cette évocation de la lignée n'est pas sans rappeler le début de l'*Iphigénie en Tauride*, ce qui renforce l'impression qu'on a affaire à une sorte de second prologue. La phrase – qui n'est pas sans comporter quelques difficultés textuelles, qui ont entraîné l'athétèse de 388b-389a, où ἔρανον ποιεῖν n'a pas

point mort, encore adolescent[57], avant que d'avoir mis au jour mon père Atrée, qui d'Aérope eut à son tour deux fils, mon frère Agamemnon, et moi, Ménélas – couple illustre ! Je crois, et je le dis sans orgueil, qu'aucun chef n'a embarqué pareille armée, sans user de contrainte ainsi que les tyrans, car la jeunesse hellène de son plein gré se mit sous mes ordres. On peut compter les morts, comme on peut dénombrer ceux qui ont réchappé des périls de la mer, pour rapporter chez eux les noms des disparus. Pour moi, je n'ai cessé d'errer sur la mer glauque, ballotté misérablement, depuis le jour on j'emportai d'assaut les remparts d'Ilion. Et, malgré mon désir de revoir ma patrie, je ne puis obtenir cette grâce des dieux. Longeant les bords déserts, les inhospitalières plages de la Libye, si quelquefois ma nef me portait vers le sol natal, toujours le grain me repoussait au large[58]. Et jamais dans ma voile un bon vent n'a soufflé qui m'eût ramené dans ma patrie[59]. À présent, malheureux naufragé, ayant perdu les miens, j'ai échoué sur cette terre. Mon navire, contre les rochers, s'est fracassé et en mille morceaux brisé ; sur la quille, démembrée de sa charpente et dépouillée de ses agrès, j'ai pu, chance inouïe – mais avec quelle peine ! – me sauver, ainsi

trouvé d'interprétation satisfaisante – est tendue entre le rappel de la victoire de Pélops (dans une tonalité qui pourrait être pindarique : cf. *O.*, I, 40 sq.) et le « glorieux » couple des Atrides (cf. *Agam.*, 44 et 109), toile de fond sur laquelle ressort encore davantage la douloureuse déchéance du héros.

58. À comparer à *Odyssée*, IX, 79-81.

59. Ce thème du « vent (ou du signe) favorable » dominera au contraire la seconde partie de la pièce (cf. 1504-1505, et, avec le même adjectif, οὔριος, 1588, 1612 et 1663).

Ἑλένη τε, Τροίας ἣν ἀποσπάσας ἔχω.
Ὄνομα δὲ χώρας ἥτις ἥδε καὶ λεὼς
οὐκ οἶδ'· ὄχλον γὰρ ἐσπεσεῖν ᾐσχυνόμην
ὥσθ' ἱστορῆσαι, τῆς ἐμῆς δυσχλαινίας
κρύπτων ὑπ' αἰδοῦς τὰς τύχας. Ὅταν δ' ἀνὴρ
πράξῃ κακῶς ὑψηλός, εἰς ἀηθίαν
πίπτει κακίω τοῦ πάλαι δυσδαίμονος.
Χρεία δὲ τείρει μ'· οὔτε γὰρ σῖτος πάρα
οὔτ' ἀμφὶ χρῶτ' ἐσθῆτες· αὐτὰ δ' εἰκάσαι
πάρεστι ναὸς ἔκβολ' οἷς ἀμπίσχομαι.
Πέπλους δὲ τοὺς πρὶν λαμπρά τ' ἀμφιβλήματα
χλιδάς τε πόντος ἥρπασ'· ἐν δ' ἄντρου μυχοῖς
κρύψας γυναῖκα τὴν κακῶν πάντων ἐμοὶ
ἄρξασαν ἥκω τούς γε περιλελειμμένους
φίλων φυλάσσειν τἄμ' ἀναγκάσας λέχη.
Μόνος δὲ νοστῶ, τοῖς ἐκεῖ ζητῶν φίλοις
τὰ πρόσφορ' ἤν πως ἐξερευνήσας λάβω.
Ἰδὼν δὲ δῶμα περιφερὲς θριγκοῖς τόδε
πύλας τε σεμνὰς ἀνδρὸς ὀλβίου τινός,
προσῆλθον· ἐλπὶς δ' ἔκ γε πλουσίων δόμων
λαβεῖν τι ναύταις· ἐκ δὲ μὴ ἐχόντων βίον —
οὐδ' εἰ θέλοιεν, ὠφελεῖν ἔχοιεν ἄν.
Ὠή· τίς ἂν πυλωρὸς ἐκ δόμων μόλοι,
ὅστις διαγγείλειε τἄμ' ἔσω κακά ;

60. Le verbe « avoir » – qui signifie aussi « tenir » – va jouer un rôle capital dans les retrouvailles d'Hélène et de Ménélas (cf. *infra*, 581, 584, 592, et, dans le duo, 638, 650, 652, 657 ; même verbe aussi pour la possession illusoire de Pâris, 35-36 et 610 ; voir aussi 706).

61. Même réaction d'Atossa apprenant l'état lamentable de Xerxès vaincu : *Perses*, 846 sq.

qu'Hélène que j'ai avec moi, après l'avoir arrachée à Troie[60]. Le nom de ce pays et le nom de ce peuple ? Je ne les connais pas : j'avais honte, à vrai dire, de m'adresser aux gens afin de m'en instruire. Je voulais leur cacher l'état de mes haillons et rougissais de ma disgrâce[61] : car quiconque est tombé de très haut éprouve plus de gêne que celui qui toujours fut maltraité du sort[62]. Mais le besoin me presse : je n'ai ni pain ni vêtements ; et ce que je porte, on peut bien deviner que ce sont des débris de naufrage[63]. Mes vêtements d'antan, mes habits somptueux, mes anciennes splendeurs, la vague m'a tout pris. Quant à la femme qui de tous mes maux fut cause, je l'ai laissée cachée au fond d'une caverne, non sans avoir commis à sa garde les miens, ceux du moins qui ont pu se sauver du naufrage. Je viens seul en ces lieux[64] et je cherche, en battant le pays, à me pourvoir des choses dont mes amis restés là bas ont grand besoin. Or, voyant ce palais entouré de murailles, cet imposant portail, indice d'opulence, je me suis approché : car aux marins, une riche demeure offre au moins l'espérance de quelque don, tandis que les gens sans ressource ne sauraient nous aider, quand même ils le voudraient. Ohé ! Y aurait-il un portier pour sortir de la maison et se faire à l'intérieur le messager de mes misères[65] ?

La vieille portière apparaît sur le seuil du palais (porte principale).

62. Même idée en *Héc.*, 374-376 ; *HF*, 1291-1293 ; *Tro.*, 639-640 ; *IT*, 1117-1121.

63. Apparence qui sera utilisée pour tromper Théoclymène : *infra*, 1079-1080.

64. Type de reconnaissance qui rappelle à nouveau l'*Odyssée* (par exemple, chez le Cyclope, IX, 174).

65. De même, par exemple, Télémaque et son compagnon sont annoncés à Ménélas par Étoneus, qui, les ayant vus, rentre donner la nouvelle au roi (*Odyssée*, IV, 22 sq.).

ΓΡΑΥΣ

Τίς πρὸς πύλαισιν; οὐκ ἀπαλλάξῃ δόμων
καὶ μὴ πρὸς αὐλείοισιν ἑστηκὼς πύλαις
ὄχλον παρέξεις δεσπόταις; ἢ κατθανῇ
Ἕλλην πεφυκώς, οἷσιν οὐκ ἐπιστροφαί.

ΜΕ. Ὦ γραῖα, ταῦτα πάντ᾽ ἔπη καλῶς λέγεις.
Ἔξεστι, πείσομαι γάρ· ἀλλ᾽ ἄνες χόλον.

ΓΡ. Ἄπελθ᾽· ἐμοὶ γὰρ τοῦτο πρόσκειται, ξένε,
μηδένα πελάζειν τοισίδ᾽ Ἑλλήνων δόμοις.

ΜΕ. Ἆ· μὴ προσείλει χεῖρα μηδ᾽ ὤθει βίᾳ.

ΓΡ. Πείθῃ γὰρ οὐδὲν ὧν λέγω, σὺ δ᾽ αἴτιος.

ΜΕ. Ἄγγειλον εἴσω δεσπόταισι τοῖσι σοῖς...

ΓΡ. Πικρῶς ἂν οἶμαί γ᾽ ἀγγελεῖν τοὺς σοὺς λόγους.

ΜΕ. Ναυαγὸς ἥκω ξένος, ἀσύλητον γένος.

ΓΡ. Οἶκον πρὸς ἄλλον νύν τιν᾽ ἀντὶ τοῦδ᾽ ἴθι.

ΜΕ. Οὔκ, ἀλλ᾽ ἔσω πάρειμι· καὶ σύ μοι πιθοῦ.

ΓΡ. Ὀχληρὸς ἴσθ᾽ ὤν· καὶ τάχ᾽ ὠσθήσῃ βίᾳ.

ΜΕ. Αἰαῖ· τὰ κλεινὰ ποῦ ᾽στί μοι στρατεύματα;

ΓΡ. Οὐκοῦν ἐκεῖ που σεμνὸς ἦσθ᾽, οὐκ ἐνθάδε.

ΜΕ. Ὦ δαῖμον, ὡς ἀνάξι᾽ ἠτιμώμεθα.

ΓΡ. Τί βλέφαρα τέγγεις δάκρυσι; πρὸς τίν᾽ οἰκτρὸς εἶ;

LA VIEILLE. – Qui donc est à la porte ? Allons, éloigne-toi du palais à l'instant, ne reste pas ainsi au seuil de notre cour, importunant mes maîtres ! Sinon tu périras, puisque tu es sans doute de ces Grecs avec qui nous n'avons pas commerce.

MÉNÉLAS. – Vieille, tu parles bien, j'approuve tout cela. Soit, je t'obéirai, mais calme ton courroux.

LA VIEILLE. – Va-t'en, car il m'incombe, étranger, d'interdire l'accès de ce palais à quiconque est Hellène.

MÉNÉLAS. – Ah ! ne me pousse pas, et point de violence !

LA VIEILLE. – C'est ta faute : pourquoi ne veux-tu pas m'entendre ?

MÉNÉLAS. – Va donc dans le palais annoncer à tes maîtres…

LA VIEILLE. – Il m'en cuirait, crois-moi, de porter ton message.

MÉNÉLAS. – J'arrive en naufragé, en hôte, race par les dieux protégée[66].

LA VIEILLE. – Adresse-toi plutôt à quelque autre maison.

MÉNÉLAS. – Non, je vais entrer et toi, obéis-moi.

LA VIEILLE. – Tu es importun, sache-le, et sous peu on te repoussera de force[67].

MÉNÉLAS. – Hélas ! où est ma glorieuse armée ?

LA VIEILLE. – Si tu fus grand ailleurs, ici tu ne l'es plus.

MÉNÉLAS. – Dieux ! à quel traitement indigne suis-je en butte !

LA VIEILLE. – Pourquoi ces pleurs ? Pourquoi te lamenter ainsi ?

66. Même avis du Ménélas de l'*Odyssée* (IV, 33-36).

67. Ce verbe « repousser », déjà utilisé au v. 445, est celui qui, dans l'épopée, est employé en particulier dans les combats autour des héros tombés, où les défenseurs du corps repoussent les assaillants ; il participe ainsi de la déchéance douloureusement ressentie par le héros épique.

ΜΕ. Πρὸς τὰς πάροιθεν συμφορὰς εὐδαίμονας.
ΓΡ. Οὔκουν ἀπελθὼν δάκρυα σοῖς δώσεις φίλοις;
ΜΕ. Τίς δ' ἥδε χώρα; τοῦ δὲ βασίλειοι δόμοι;
ΓΡ. Πρωτεὺς τάδ' οἰκεῖ δώματ', Αἴγυπτος δὲ γῆ.
ΜΕ. Αἴγυπτος; ὢ δύστηνος, οἷ πέπλωκ' ἄρα.
ΓΡ. Τί δὴ τὸ Νείλου μεμπτόν ἐστί σοι γάνος;
ΜΕ. Οὐ τοῦτ' ἐμέμφθην· τὰς ἐμὰς στένω τύχας.
ΓΡ. Πολλοὶ κακῶς πράσσουσιν, οὐ σὺ δὴ μόνος.
ΜΕ. Ἔστ' οὖν ἐν οἴκοις ὅντιν' ὀνομάζεις ἄναξ;
ΓΡ. Τόδ' ἐστὶν αὐτοῦ μνῆμα, παῖς δ' ἄρχει χθονός.
ΜΕ. Ποῦ δῆτ' ἂν εἴη; πότερον ἐκτὸς ἢ 'ν δόμοις;
ΓΡ. Οὐκ ἔνδον· Ἕλλησιν δὲ πολεμιώτατος.
ΜΕ. Τίν' αἰτίαν σχὼν ἧς ἐπηυρόμην ἐγώ;
ΓΡ. Ἑλένη κατ' οἴκους ἐστὶ τούσδ' ἡ τοῦ Διός.
ΜΕ. Πῶς φῄς; τίν' εἶπας μῦθον; αὖθίς μοι φράσον.
ΓΡ. Ἡ Τυνδαρὶς παῖς, ἣ κατὰ Σπάρτην ποτ' ἦν.
ΜΕ. Πόθεν μολοῦσα; τίνα τὸ πρᾶγμ' ἔχει λόγον;
ΓΡ. Λακεδαίμονος γῆς δεῦρο νοστήσασ' ἄπο.
ΜΕ. Πότε; οὔ τί που λελῄσμεθ' ἐξ ἄντρων λέχος;
ΓΡ. Πρὶν τοὺς Ἀχαιούς, ὦ ξέν', ἐς Τροίαν μολεῖν.
Ἀλλ' ἕρπ' ἀπ' οἴκων· ἔστι γάρ τις ἐν δόμοις
τύχη, τύραννος ᾗ ταράσσεται δόμος.

MÉNÉLAS. – Je songe à ma prospérité du temps jadis.

LA VIEILLE. – Là-bas, à tes amis, va donc porter tes pleurs.

MÉNÉLAS. – Dis, quel est ce pays ? À quel roi ce palais ?

LA VIEILLE. – Au roi Protée ; et quant au pays, c'est l'Égypte.

MÉNÉLAS. – L'Égypte ! Ô malheureux ! où donc ai-je abordé ?

LA VIEILLE. – As-tu rien à reprendre au clair miroir du Nil ?

MÉNÉLAS. – Au Nil ? Non, certes, rien : je gémis sur mon sort.

LA VIEILLE.- Beaucoup sont malheureux, et tu n'es pas le seul.

MÉNÉLAS. – Est-il dans le palais, le prince que tu nommes ?

LA VIEILLE. – Tu vois ici sa tombe, et c'est son fils qui règne sur le pays.

MÉNÉLAS. – Où le trouver, dis-moi ? Dehors, ou bien céans ?

LA VIEILLE. – Dehors. Mais garde-toi de sa haine des Grecs !

MÉNÉLAS. – Quel tort lui ont-ils fait, dont on me tient comptable ?

LA VIEILLE. – La fille de Zeus, Hélène, habite ici.

MÉNÉLAS. – Que dis-tu ?... Qu'as-tu dit ?... Répète tes paroles !

LA VIEILLE. – La Tyndaride, qui jadis habita Sparte.

MÉNÉLAS. – D'où vient-elle ? Et quel sens donner à tout cela ?

LA VIEILLE. – Elle nous est venue de sa Lacédémone.

MÉNÉLAS. – Quand donc ? *(En aparté)* Aurait-on pris ma femme dans son antre ?

LA VIEILLE. – Dès avant le départ des Achéens pour Troie. Mais quitte ce palais. Il est ici des choses dont la maison royale est troublée à présent. Tu choisis mal ton

Καιρὸν γὰρ οὐδέν' ἦλθες· ἢν δὲ δεσπότης
λάβῃ σε, θάνατος ξένιά σοι γενήσεται.
Εὔνους γάρ εἰμ' Ἕλλησιν, οὐχ ὅσον πικροὺς
λόγους ἔδωκα δεσπότην φοβουμένη.

ΜΕ. Τί φῶ; τί λέξω; συμφορὰς γὰρ ἀθλίας
ἐκ τῶν πάροιθεν τὰς παρεστώσας κλύω,
εἰ τὴν μὲν αἱρεθεῖσαν ἐκ Τροίας ἄγων
ἥκω δάμαρτα καὶ κατ' ἄντρα σῴζεται,
ὄνομα δὲ ταὐτὸν τῆς ἐμῆς ἔχουσά τις
δάμαρτος ἄλλη τοισίδ' ἐνναίει δόμοις.
Διὸς δ' ἔλεξε παῖδά νιν πεφυκέναι.
Ἀλλ' ἤ τις ἔστι Ζηνὸς ὄνομ' ἔχων ἀνὴρ
Νείλου παρ' ὄχθας; εἷς γὰρ ὅ γε κατ' οὐρανόν.
Σπάρτη δὲ ποῦ γῆς ἐστι πλὴν ἵνα ῥοαὶ
τοῦ καλλιδόνακός εἰσιν Εὐρώτα μόνον;
Ἁπλοῦν δὲ Τυνδάρειον ὄνομα κλῄζεται.
Λακεδαίμονος δὲ γαῖα τίς ξυνώνυμος
Τροίας τε; ἐγὼ μὲν οὐκ ἔχω τί χρὴ λέγειν.
Πολλοὶ γάρ, ὡς εἴξασιν, ἐν πολλῇ χθονὶ
ὀνόματα ταὔτ' ἔχουσι καὶ πόλις πόλει
γυνή γυναικί τ'· οὐδὲν οὖν θαυμαστέον.
Οὐδ' αὖ τὸ δεινὸν προσπόλου φευξούμεθα·
ἀνὴρ γὰρ οὐδεὶς ὧδε βάρβαρος φρένας,
ὃς ὄνομ' ἀκούσας τοὐμὸν οὐ δώσει βοράν.
Κλεινὸν τὸ Τροίας πῦρ ἐγώ θ' ὅς ἧψά νιν.
Μενέλαος, οὐκ ἄγνωστος ἐν πάσῃ χθονί.
Δόμων ἄνακτα προσμενῶ· δισσὰς δέ μοι

temps : si mon maître t'attrape, pour don de bienvenue tu recevras la mort[68]. J'aime les Grecs, vois-tu, si durs que te paraissent les propos que j'ai tenus par crainte de mon maître.

La vieille rentre dans le palais.

MÉNÉLAS. – Que dire ? Que penser ? Ce que je viens d'entendre me rend plus malheureux encor que tout à l'heure. Comment ? J'arrive ici, ramenant d'Ilion ma femme reconquise, et la fais bien garder dans un antre, et voici qu'une femme appelée du même nom habite en ce palais royal ! Et, d'après cette vieille, elle est fille de Zeus ! Sur les rives du Nil peut-il se rencontrer un homme appelé Zeus ? Il n'est qu'un Zeus au ciel ; et Sparte, où la chercher, sinon auprès des berges de l'Eurotas aux beaux roseaux ? Pareillement, il n'est qu'un seul mortel qui s'appelle Tyndare. Quelle cité partage avec Lacédémone ou avec Troie son nom fameux ? Pour moi, je ne sais que dire... Tout de même, il paraît qu'on trouve par le monde des hommes, des cités, des femmes en grand nombre portant les mêmes noms. Pourquoi donc m'étonner ? N'allons pas, d'autre part, nous laisser mettre en fuite par les menaces d'une esclave. Il n'est personne au cœur si barbare qu'en entendant mon nom, il ne me donne à manger. Illustre est l'incendie de Troie, et moi, qui l'allumai, moi, Ménélas, dont nul pays n'ignore le nom[69]. J'attendrai donc ici le maître du palais. J'ai deux partis à prendre :

68. Comme Ulysse chez le Cyclope : *Odyssée*, IX, 370.

69. Les commentateurs, prévenus contre Ménélas, se sont choqués de ce qui leur a semblé pure gloriole – et Kannicht, en sens inverse, pour enlever au héros toute apparence de *miles gloriosus*, athétise 504. Mais cette fierté est courante (voir *Œdipe roi*, 8, et surtout *Odyssée*, IX, 19-20) ; en outre, un *miles gloriosus* se vante d'exploits imaginaires, ce qui n'est pas le cas ici.

ἔχει φυλάξεις· ἢν μὲν ὠμόφρων τις ᾖ,
κρύψας ἐμαυτὸν εἶμι πρὸς ναυάγια·
ἢν δ' ἐνδιδῷ τι μαλθακόν, τὰ πρόσφορα
τῆς νῦν παρούσης συμφορᾶς αἰτήσομαι.
Κακῶν μὲν ἡμῖν ἔσχατον τοῖς ἀθλίοις,
ἄλλους τυράννους αὐτὸν ὄντα βασιλέα
βίον προσαιτεῖν· ἀλλ' ἀναγκαίως ἔχει.
Λόγος γάρ ἐστιν οὐκ ἐμός, σοφὸν δ' ἔπος,
δεινῆς ἀνάγκης οὐδὲν ἰσχύειν πλέον.

ΧΟ. Ἤκουσα τᾶς θεσπιῳδοῦ κόρας,
ἃ χρῄζουσ' ἐφάνη τυράννοις
δόμοις, ὡς Μενέλαος οὔ-
πω μελαμφαὲς οἴχεται
δι' ἔρεβος, χθονὶ κρυφθείς,
ἀλλ' ἔτι κατ' οἶδμ' ἅλιον
τρυχόμενος οὔπω λιμένων
ψαύσειεν πατρίας γᾶς,
ἀλατείᾳ βιότου
ταλαίφρων, ἄφιλος φίλων,
παντοδαπᾶς ἐπὶ γᾶς πόδα
χριμπτόμενος εἰναλίῳ
κώπᾳ Τρῳάδος ἐκ γᾶς.

ΕΛ. Ἥδ' αὖ τάφου τοῦδ' εἰς ἕδρας ἐγὼ πάλιν
στείχω, μαθοῦσα Θεονόης φίλους λόγους,
ἣ πάντ' ἀληθῶς οἶδε· φησὶ δ' ἐμφανῶς
πόσιν τὸν ἁμὸν ζῶντα φέγγος εἰσορᾶν,
πορθμοὺς δ' ἀλᾶσθαι μυρίους πεπλωκότα
ἐκεῖσε κἀκεῖσ' οὐδ' ἀγύμναστον πλάνοις,
ἥξειν ⟨δ'⟩ ὅταν δὴ πημάτων λάβῃ τέλος.
Ἓν δ' οὐκ ἔλεξεν, εἰ μολὼν σωθήσεται.

si c'est un furieux, je courrai me cacher auprès de mes épaves, ou, s'il se montre bon, j'implorerai de lui les secours dont mon triste état a tant besoin. Certes, j'en suis réduit à la pire infortune[70] pour devoir quémander, alors que je suis roi, auprès d'un autre roi, ce qu'il me faut pour vivre. J'y suis contraint, pourtant : car un sage avant moi l'a dit : rien n'est plus fort que la terrible nécessité.

Épiparodos, c'est-à-dire rentrée du Chœur dans l'orchestra.

LE CHŒUR. – *J'ai entendu la vierge prophétique. Elle a paru, et son oracle a fait connaître à la maison royale que Ménélas n'a pas encore disparu pour toujours dans le sein de la terre, parmi les ombres noires de l'Érèbe, mais qu'il use encore ses jours dans la houle marine et n'a toujours pas touché aux ports de sa patrie, vagabond misérable, et mendiant pour vivre, privé de ses amis, et n'abordant jamais, avec sa nef marine, qu'en pays étranger, depuis qu'il a quitté les bords de la Troade.*

Hélène, sortant du palais, se dirige de nouveau vers le tombeau de Protée.

HÉLÈNE. – Me voici : je reviens prendre ma place sur cette tombe, ayant ouï l'heureux oracle de Théonoé, qui sait tout véritablement. Et elle proclame hautement que mon époux, vivant, voit la clarté du jour ; qu'il navigue au hasard de courses innombrables, çà et là, harassé par ses longues bordées ; mais qu'un jour il viendra, ses malheurs terminés. Sur un point seulement elle n'a rien

70. Même mouvement que dans le second discours d'Hélène (cf. 287).

Ἐγὼ δ' ἀπέστην τοῦτ' ἐρωτῆσαι σαφῶς,
ἡσθεῖσ' ἐπεί νιν εἶπέ μοι σεσῳσμένον.
Ἐγγὺς δέ νίν που τῆσδ' ἔφασκ' εἶναι χθοθός,
ναυαγὸν ἐκπεσόντα σὺν παύροις φίλοις.
Ὤμοι, πόθ' ἥξεις; ὡς ποθεινὸς ἂν μόλοις.
Ἔα, τίς οὗτος; οὔ τί που κρυπτεύομαι
Πρωτέως ἀσέπτου παιδὸς ἐκ βουλευμάτων;
Οὐχ ὡς δρομαία πῶλος ἢ Βάκχη θεοῦ
τάφῳ ξυνάψω κῶλον; ἄγριος δέ τις
μορφὴν ὅδ' ἐστίν, ὅς με θηρᾶται λαβεῖν.

ΜΕ. Σὲ τὴν ὄρεγμα δεινὸν ἡμιλλημένην
τύμβου 'πὶ κρηπῖδ' ἐμπύρους τ' ὀρθοστάτας,
μεῖνον· τί φεύγεις; ὡς δέμας δείξασα σὸν
ἔκπληξιν ἡμῖν ἀφασίαν τε προστιθεῖς.

ΕΛ. Ἀδικούμεθ', ὦ γυναῖκες· εἰργόμεσθα γὰρ
τάφου πρὸς ἀνδρὸς τοῦδε, καί μ' ἑλὼν θέλει
δοῦναι τυράννοις ὧν ἐφεύγομεν γάμους.

ΜΕ. Οὐ κλῶπές ἐσμεν, οὐχ ὑπηρέται κακῶν.

ΕΛ. Καὶ μὴν στολήν γ' ἄμορφον ἀμφὶ σῶμ' ἔχεις.

ΜΕ. Στῆσον, φόβου μεθεῖσα, λαιψηρὸν πόδα.

ΕΛ. Ἵστημ', ἐπεί γε τοῦδ' ἐφάπτομαι τόπου.

71. Même procédé en *Ion*, 540-541.

72. À comparer à la frayeur des femmes de Nausicaa à l'apparition d'Ulysse (*Odyssée*, VI, 137-140) ; à l'opposé, Nausicaa – qui, il

dit : s'il revient parmi nous, est-ce pour son salut ? Je me suis abstenue de le lui demander clairement, toute à ma joie qu'elle l'ait dit sain et sauf[71]. Car, à ce qu'elle a dit, il est non loin d'ici : un naufrage l'a fait échouer avec quelques amis. Hélas, quand viendras-tu ? Si tu savais combien j'aspire à te revoir !

Elle aperçoit Ménélas : effrayée, elle regagne en courant son asile.

Holà, quel est cet homme ? Serait-ce un guet-apens, quelque complot tramé par le fils de Protée, cet ennemi des dieux ? Ainsi qu'une pouliche à la course rapide, ou telle une Bacchante excitée par son Dieu, courons vers ce sépulcre ! Ah ! quel aspect sauvage offre cet inconnu qui voudrait me saisir[72] !

MÉNÉLAS. – Ô toi qui, d'un élan désespéré, te hâtes vers les degrés de cette tombe et les autels brûlés du feu des sacrifices[73], reste ! Pourquoi fuis-tu ? Mais comme l'aspect que tu me montres me frappe de stupeur et m'ôte la parole !

HÉLÈNE. – On me fait violence, ô femmes ! car cet homme veut m'écarter de ce tombeau, et me livrer au tyran dont je fuis la poursuite amoureuse.

MÉNÉLAS. – Je ne suis ni bandit ni suppôt d'un méchant.

HÉLÈNE. – Ta mise cependant est bien affreuse.

MÉNÉLAS. – Arrête donc ta course et laisse là ta crainte.

HÉLÈNE. – Je m'arrête, à présent que je suis en lieu sûr.

est vrai, jouit de l'aide d'Athéna – s'adresse à lui avec ces mots : Ξεῖν', ἐπεὶ οὔτε κακῷ οὔτ' ἄφρονι φωτὶ ἔοικας... (187).

73. Les commentateurs n'ont pas réussi à trouver une explication satisfaisante pour les ἐπύρους τ' ὀρθοστάτας ; pour les détails, cf. commentaire de KANNICHT, *ad loc.*

ΜΕ. Τίς εἶ; τίν' ὄψιν σήν, γύναι, προσδέρκομαι;
ΕΛ. Σὺ δ' εἶ τίς; αὑτὸς γὰρ σὲ κἄμ' ἔχει λόγος.
ΜΕ. Οὐπώποτ' εἶδον προσφερέστερον δέμας.
ΕΛ. Ὦ θεοί· θεὸς γὰρ καὶ τὸ γιγνώσκειν φίλους.
⟨ΜΕ. Ἑλληνὶς εἶ τις ἢ ἐπιχωρία γυνή; ⟩
ΕΛ. Ἑλληνίς· ἀλλὰ καὶ τὸ σὸν θέλω μαθεῖν.
ΜΕ. Ἑλένῃ σ' ὁμοίαν δὴ μάλιστ' εἶδον, γύναι.
ΕΛ. Ἐγὼ δὲ Μενέλεῴ γε σέ· οὐδ' ἔχω τί φῶ.
ΜΕ. Ἔγνως γὰρ ὀρθῶς ἄνδρα δυστυχέστατον.
ΕΛ. Ὦ χρόνιος ἐλθὼν σῆς δάμαρτος ἐς χέρας.
ΜΕ. Ποίας δάμαρτος; μὴ θίγῃς ἐμῶν πέπλων.
ΕΛ. Ἥν σοι δίδωσι Τυνδάρεως, ἐμὸς πατήρ.
ΜΕ. Ὦ φωσφόρ' Ἑκάτη, πέμπε φάσματ' εὐμενῆ.
ΕΛ. Οὐ νυκτίφαντον πρόπολον Ἐνοδίας μ' ὁρᾷς.
ΜΕ. Οὐ μὴν γυναικῶν γ' εἷς δυοῖν ἔφυν πόσις.
ΕΛ. Ποίων δὲ λέκτρων δεσπότης ἄλλων ἔφυς;
ΜΕ. Ἣν ἄντρα κεύθει κἀκ Φρυγῶν κομίζομαι.
ΕΛ. Οὐκ ἔστιν ἄλλη σή τις ἀντ' ἐμοῦ γυνή.
ΜΕ. Οὔ που φρονῶ μὲν εὖ, τὸ δ' ὄμμα μου νοσεῖ;

74. Vers restitué grâce à la parodie d'Aristophane (*Thesm.*, 907).

75. L'épiclèse est celle qu'on lui donne à Athènes (cf. *Thesm.*, 858 ou *Lysistrata*, 443) ; c'est aussi la déesse des carrefours (*Enodia* au vers suivant), liée à la magie (voir, par exemple, *Les Magiciennes* de Théocrite).

MÉNÉLAS. – Ah ! qui es-tu ? quel est ce visage que tu offres à mes yeux ?

HÉLÈNE. – Et toi, qui es-tu ? La même question vaut et pour toi et pour moi.

MÉNÉLAS. – Non, jamais je n'ai vu forme plus ressemblante.

HÉLÈNE. – Dieux ! – car on trouve un dieu en retrouvant les siens !

MÉNÉLAS. – Es-tu hellène ou indigène[74] ?

HÉLÈNE. – Hellène, mais je veux aussi savoir ce qu'il en est pour toi.

MÉNÉLAS. – D'Hélène, je vois en toi la ressemblance exacte.

HÉLÈNE. – Et moi, en toi, celle de Ménélas. Je ne sais que dire.

MÉNÉLAS. – Tu as reconnu l'homme entre tous malheureux.

HÉLÈNE. – Ô toi si tard venu dans les bras de ton épouse…

MÉNÉLAS. – Quelle épouse ? Ne touche pas mon vêtement.

HÉLÈNE. – La même que tu tiens de Tyndare, mon père.

MÉNÉLAS. – Dame Hécate aux flambeaux[75], envoie des apparitions favorables.

HÉLÈNE. – Tu ne vois pas en moi une nocturne apparition au service de la déesse des carrefours.

MÉNÉLAS. – Et moi, je ne suis pas l'époux de deux Hélènes.

HÉLÈNE. – Mais de quelle autre épouse es-tu seigneur et maître ?

MÉNÉLAS. – Ramenée de Phrygie, un antre la recèle.

HÉLÈNE. – Non, tu n'as jamais eu d'autre femme que moi.

MÉNÉLAS. – Je me crois sain d'esprit : ma vue souffrirait-elle ?

ΕΛ. Οὐ γάρ με λεύσσων σὴν δάμαρθ' ὁρᾶν δοκεῖς;
ΜΕ. Τὸ σῶμ' ὅμοιον, τὸ δὲ σαφές μ' ἀποστερεῖ.
ΕΛ. Σκέψαι· τί σοὐνδεῖ; τίς δὲ σοῦ σοφώτερος;
ΜΕ. Ἔοικας· οὔτοι τοῦτό γ' ἐξαρνήσομαι.
ΕΛ. Τίς οὖν διδάξει σ' ἄλλος ἢ τὰ σ' ὄμματα;
ΜΕ. Ἐκεῖ νοσοῦμεν, ὅτι δάμαρτ' ἄλλην ἔχω.
ΕΛ. Οὐκ ἦλθον ἐς γῆν Τρῳάδ', ἀλλ' εἴδωλον ἦν.
ΜΕ. Καὶ τίς βλέποντα σώματ' ἐξεργάζεται;
ΕΛ. Αἰθήρ, ὅθεν σὺ θεοπόνητ' ἔχεις λέχη.
ΜΕ. Τίνος πλάσαντος θεῶν; ἄελπτα γὰρ λέγεις.
ΕΛ. Ἥρας, διάλλαγμ', ὡς Πάρις με μὴ λάβοι.
ΜΕ. Πῶς οὖν ἂν ἐνθάδ' ἦσθά τ' ἐν Τροίᾳ θ' ἅμα;
ΕΛ. Τοὔνομα γένοιτ' ἂν πολλαχοῦ, τὸ σῶμα δ' οὔ.
ΜΕ. Μέθες με, λύπης ἅλις ἔχων ἐλήλυθα.
ΕΛ. Λείψεις γὰρ ἡμᾶς, τὰ δὲ κέν' ἐξάξεις λέχη;
ΜΕ. Καὶ χαῖρέ γ', Ἑλένῃ προσφερὴς ὁθούνεκ' εἶ.

76. Nouvel hémistiche difficile, le sens à la fois du sujet et du verbe étant douteux : la « clarté » peut être celle de la connaissance – il sait bien qu'il a une autre femme, ou celle de la perception ; dans le premier cas, on sous-entend un infinitif après le verbe et on comprend : « l'évidence m'empêche [d'y croire] » ; dans le second, on « invente » un sens *hapax* : « l'évidence me manque ». Commentaire philosophique – et non philologique – par B. CASSIN, p. 93.

HÉLÈNE. – En me voyant, tu ne crois donc pas voir ta femme ?

MÉNÉLAS. – Le corps est bien pareil, mais l'évidence empêche[76]...

HÉLÈNE. – Vois : que veux-tu de plus ? Qui sait mieux que toi ?

MÉNÉLAS. – Tu lui ressembles, cela, assurément, je ne le nierai pas.

HÉLÈNE. – Qui donc te convaincra, sinon tes propres yeux ?

MÉNÉLAS. – Le malheur, c'est que je possède une autre femme.

HÉLÈNE. – Je ne suis pas allée à Troie[77] : c'était mon ombre.

MÉNÉLAS. – Mais qui produit ainsi des ombres animées ?

HÉLÈNE. – L'éther, d'où tu tiens une femme ouvrée de main divine.

MÉNÉLAS. – Par quel dieu façonnée ? On peine à croire ce que tu dis.

HÉLÈNE. – Héra, elle fit ce substitut[78] pour m'ôter à Pâris.

MÉNÉLAS. – Comment pouvais-tu être ici et à Troie en même temps ?

HÉLÈNE. – Le nom peut être en maint endroit, mais non le corps.

MÉNÉLAS. – Laisse-moi, mon fardeau de peines me suffit.

HÉLÈNE. – Tu vas donc me laisser et emmener cette vaine épouse ?

MÉNÉLAS. – Oui, et que la joie soit avec toi, puisque tu es le portrait d'Hélène.

77. Nouvelle réminiscence des vers de Stésichore.

78. Long commentaire de cette notion chez PUCCI.

ΕΛ. Ἀπωλόμην· λαβοῦσά σ᾽ οὐχ ἕξω πόσιν.
ΜΕ. Τοὐκεῖ με μέγεθος τῶν πόνων πείθει, σὺ δ᾽ οὔ.
ΕΛ. Οἲ ἐγώ ; τίς ἡμῶν ἐγένετ᾽ ἀθλιωτέρα ;
οἱ φίλτατοι λείπουσί μ᾽ οὐδ᾽ ἀφίξομαι
Ἕλληνας οὐδὲ πατρίδα τὴν ἐμήν ποτε.

ΑΓΓΕΛΟΣ

Μενέλαε, μαστεύων σε κιγχάνω μόλις
πᾶσαν πλανηθεὶς τήνδε βάρβαρον χθόνα,
πεμφθεὶς ἑταίρων τῶν λελειμμένων ὕπο.
ΜΕ. Τί δ᾽ ἔστιν ; οὔ που βαρβάρων συλᾶσθ᾽ ὕπο ;
ΑΓ. Θαῦμ᾽ ἔστ᾽, ἔλασσον τοὔνομ᾽ ἢ τὸ πρᾶγμ᾽ ἔχον.
ΜΕ. Λέγ᾽· ὡς φέρεις τι τῇδε τῇ σπουδῇ νέον.
ΑΓ. Λέγω πόνους σε μυρίους τλῆναι μάτην.
ΜΕ. Παλαιὰ θρηνεῖς πήματ᾽· ἀγγέλλεις δὲ τί ;
ΑΓ. Βέβηκεν ἄλοχος σὴ πρὸς αἰθέρος πτυχὰς
ἀρθεῖσ᾽ ἄφαντος· οὐρανῷ δὲ κρύπτεται
λιποῦσα σεμνὸν ἄντρον οὗ σφ᾽ ἐσῴζομεν,
τοσόνδε λέξασ᾽· Ὦ ταλαίπωροι Φρύγες
πάντες τ᾽ Ἀχαιοί, δι᾽ ἔμ᾽ ἐπὶ Σκαμανδρίοις
ἀκταῖσιν Ἥρας μηχαναῖς ἐθνῄσκετε,
δοκοῦντες Ἑλένην οὐκ ἔχοντ᾽ ἔχειν Πάριν.

79. Thème pathétique qu'Hélène reprendra pour convaincre Théonoé : 938.

80. Sorte de réponse au vers 594, que Ménélas ne comprend pas tout de suite (« pour rien » renvoie dans son esprit au peu de valeur d'« Hélène »).

HÉLÈNE. – C'en est fait, je reperds mon époux retrouvé[79].

MÉNÉLAS. – J'en crois mon grand effort d'Ilion, et non toi.

HÉLÈNE. – Malheur à moi ! Car qui connut plus d'infortune ? Car l'être le plus cher m'abandonne, et jamais je ne reverrai plus les Grecs ni ma patrie !

Entre le messager, vieux serviteur de Ménélas.

LE MESSAGER. – Ménélas, je te cherche et te trouve à grand-peine, après avoir erré par tout ce sol barbare : ce sont tes compagnons survivants qui m'envoient.

MÉNÉLAS. – Qu'arrive-t-il ? Serait-ce un coup de ces barbares ?

LE MESSAGER. – Un miracle : et le nom n'est rien près de la chose.

MÉNÉLAS. – Parle : ta hâte annonce un surprenant message.

LE MESSAGER. – Je t'apprends que pour rien tu souffris mille peines[80] !

MÉNÉLAS. – Pourquoi pleurer des maux anciens ? Dis tes nouvelles ?

LE MESSAGER. – Ta femme a disparu dans les plis de l'éther[81], se perdant dans le ciel qui la cache à présent. Elle s'est échappée de la caverne sainte où nous veillions sur elle, et voici son adieu : « Ô pauvres Phrygiens, ô vous tous, Achéens, à cause de moi, aux bords du Scamandre, vous alliez mourant par les machinations d'Héra, croyant que Pâris avait Hélène quand il ne l'avait pas[82]. Mais à présent qu'observant jusqu'au bout

81. Même expression qu'au vers 44.

82. Écho de 35-36.

'Εγὼ δ', ἐπειδὴ χρόνον ἔμειν' ὅσον με χρῆν,
τὸ μόρσιμον σώσασα, πατέρ' ἐς οὐρανὸν
ἄπειμι· φήμας δ' ἡ τάλαινα Τυνδαρὶς
ἄλλως κακὰς ἤκουσεν οὐδὲν αἰτία.
Ὦ χαῖρε, Λήδας θύγατερ, ἐνθάδ' ἦσθ' ἄρα;
ἐγὼ δέ σ' ἄστρων ὡς βεβηκυῖαν μυχοὺς
ἤγγελλον εἰδὼς οὐδὲν ὡς ὑπόπτερον
δέμας φοροίης. Οὐκ ἐῶ σε κερτομεῖν
ἡμᾶς τόδ' αὖθις, ὡς ἄδην ἐν Ἰλίῳ
πόνους παρεῖχες σῷ πόσει καὶ συμμάχοις.

ΜΕ. Τοῦτ' ἔστ' ἐκεῖνο· ξυμβεβᾶσιν οἱ λόγοι
οἱ τῆσδ' ἀληθεῖς. Ὦ ποθεινὸς ἡμέρα,
ἥ σ' εἰς ἐμὰς ἔδωκεν ὠλένας λαβεῖν.

ΕΛ. Ὦ φίλτατ' ἀνδρῶν Μενέλεως, ὁ μὲν χρόνος
παλαιός, ἡ δὲ τέρψις ἀρτίως πάρα.
Ἔλαβον ἀσμένα πόσιν ἐμόν, φίλαι,
περί τ' ἐπέτασα χέρα
φίλιον ἐν μακρᾷ φλογὶ φαεσφόρῳ.

ΜΕ. Κἀγὼ σέ· πολλοὺς δ' ἐν μέσῳ λόγους ἔχων
οὐκ οἶδ' ὁποίου πρῶτον ἄρξωμαι τὰ νῦν.

ΕΛ. Γέγηθα, κρατὶ δ' ὀρθίους ἐθείρας
ἀνεπτέρωκα καὶ δάκρυ σταλάσσω,
περὶ δὲ γυῖα χέρας ἔβαλον, ἡδονάν,
ὦ πόσις, ὡς λάβω.

la loi des destinées, je suis restée le temps qui m'était assigné, je vais partir pour regagner le ciel, mon père. Et la malheureuse Tyndaride a pour rien été décriée, alors qu'elle n'était pas coupable. » – Ô fille de Léda, salut ! Tu étais donc ici ? Moi qui venais en annonciateur de ton ascension par-delà les étoiles, sans avoir soupçonné que tu portais des ailes ! Je ne permettrai point qu'une seconde fois tu nous fasses des tours pareils ! C'est bien assez du mal que tu nous a donné sous Ilion, à ton époux ainsi qu'à nous, ses hommes d'armes.

MÉNÉLAS. – C'est donc cela ! Et voici ce que disait celle-ci désormais avéré ! Jour longtemps désiré, qui t'a mise entre mes bras[83] !

HÉLÈNE[84]. – Ô mon très cher époux, ô Ménélas, le temps me fut bien long, mais je connais enfin la joie. *Ah ! quel bonheur, ô mes amies, d'étreindre mon époux, de l'enserrer de mes bras amoureux, pour la première fois depuis tant de soleils.*

MÉNÉLAS. – Et pour moi aussi ; j'ai tant à dire que je ne sais par quoi commencer à présent.

HÉLÈNE. – *Un frisson de bonheur sur ma tête hérisse mes cheveux, et je verse des larmes et j'embrasse tes membres, mon époux*[85]*, pour toucher mon bonheur.*

83. Ménélas est enfin à l'unisson d'Hélène, qui disait à peu près la même chose au vers 566.

84. Sur ce duo de reconnaissance et les problèmes d'attribution des vers – dus à la fois à l'incertitude de L, que ne compense pas vraiment le témoignage de *P. Oxyr.* 2336 (= Π, Ier s. av. J.-C.) et au refus de certains éditeurs de laisser Ménélas s'attendrir et de lui confier des vers chantés –, voir WILLINK, 1989.

85. Cette apostrophe a été transposée par Elmsley ; L porte à la suite ὦ πόσις, ὦ φιλτάτη πρόσοψις, que Diggle propose de laisser à Hélène, puisque L comme Π indiquent un changement de personnage à οὐκ ἐμέμφθην (que seul Ménélas peut dire).

ΜΕ. Ὦ φιλτάτη πρόσοψις, οὐκ ἐμέμφθην·
ἔχω τὰ τῆς Διός τε λέκτρα Λήδας θ᾽,
ἃν ὑπὸ λαμπάδων κόροι λεύκιπποι
ξυνομαίμονες ὤλβισαν ὤλβισαν
τὸ πρόσθεν, ἐκ δόμων δὲ νοσφίσας σ᾽ ἐμοῦ
πρὸς ἄλλαν ἐλαύνει
θεὸς συμφορὰν τᾶσδε κρείσσω.
Τὸ κακὸν δ᾽ ἀγαθὸν σέ τε κἀμὲ συνάγαγε, πόσιν
χρόνιον, ἀλλ᾽ ὅμως ὀναίμαν τύχας.

ΧΟ. Ὄναιο δῆτα· ταὐτὰ δὴ ξυνεύχομαι·
δυοῖν γὰρ ὄντοιν οὐχ ὁ μὲν τλήμων, ὁ δ᾽ οὔ.

ΕΛ. Φίλαι φίλαι, τὰ πάρος οὐκέτι
στένομεν οὐδ᾽ ἀλγῶ.
Πόσιν ἔχομεν ἔχομεν ἐμὸν ἐμὸν ὃν ἔμενον
ἔμενον ἐκ Τροίας πολυετῆ μολεῖν.

ΜΕ. Ἔχεις, ἐγώ τε σέ· ἡλίους δὲ μυρίους
μόλις διελθὼν ᾐσθόμην τὰ τῆς θεοῦ.
Ἐμὰ δὲ χαρμονᾷ δάκρυα· πλέον ἔχει
χάριτος ἢ λύπας.

ΕΛ. Τί φῶ; τίς ἂν τάδ᾽ ἤλπισεν βροτῶν ποτε;
ἀδόκητον ἔχω σε πρὸς στέρνοις.

ΜΕ. Κἀγὼ σὲ τὴν δοκοῦσαν Ἰδαίαν πόλιν
μολεῖν Ἰλίου τε μελέους πύργους.
Πρὸς θεῶν, δόμων πῶς τῶν ἐμῶν ἀπεστάλης;

ΕΛ. Ἒ ἕ· πικρὰς ἐς ἀρχὰς βαίνεις,
ἒ ἕ· πικρὰν δ᾽ ἐρευνᾷς φάτιν.

MÉNÉLAS. – *Ô visage chéri, je ne saurais me plaindre. J'ai la fille de Zeus, la fille de Léda, qu'à la lueur des torches les jouvenceaux aux blancs coursiers, ses frères, jadis proclamèrent heureuse, bienheureuse ; et voici que, après t'avoir éloignée de ma demeure, la divinité te conduit à un sort bien meilleur. Le malheur, pour mon bien, toi et moi nous rassemble, te ramène un époux, oh ! bien tard ; mais enfin en puissé-je jouir, de ce sort !*

CHŒUR. – En puisses-tu jouir ! Je partage ton vœu. Il ne faut point que l'un soit joyeux, l'autre triste.

HÉLÈNE. – *Ô mes amies, ô mes amies, sur le passé nous ne gémissons plus. Non, je ne souffre plus, car je tiens, oui, je tiens mon époux, l'époux qui est le mien, dont j'ai attendu, attendu tant d'années, qu'il arrive de Troie.*

MÉNÉLAS. – Tu me tiens, et moi de même. Et par milliers des soleils ont brillé avant que j'aie enfin compris ce qu'a fait la déesse. *Mes larmes sont de joie, de plaisir bien plus que de peine.*

HÉLÈNE. – Que dire, quel mortel aurait pu l'espérer ? *Je te serre sur ma poitrine, contre toute espérance.*

MÉNÉLAS. – Et c'est toi que j'étreins, qui passais pour avoir *été dans la cité troyenne et les remparts malheureux d'Ilion.* Grands dieux, comment t'a-t-on ravie à ma demeure[86] ?

HÉLÈNE. – *Hélas, hélas, à quels tristes débuts tu remontes ! Hélas, hélas, de quelle triste histoire tu t'informes !*

86. Ce trimètre marque le début de la seconde partie du duo, où seule Hélène chante, après le duo des embrassements, et que Willink nomme *« punctuated monody »* : Hélène reprend une dernière fois la litanie des malheurs sur le mode lyrique (successivement Pâris [666-683], Léda et Hermione [684-690]).

ΜΕ. Λέγ'· ὡς ἀκουστὰ πάντα δῶρα δαιμόνων.
ΕΛ. Ἀπέπτυσα μὲν λόγον, οἷον οἷον ἐσοίσομαι.
ΜΕ. Ὅμως δὲ λέξον· ἡδύ τοι μόχθων κλύειν.
ΕΛ. Οὐκ ἐπὶ βαρβάρου λέκτρα νεανία
πετομένας κώπας,
πετομένου δ' ἔρωτος ἀδίκων γάμων...
ΜΕ. Τίς ⟨γάρ⟩ σε δαίμων ἢ πότμος συλᾷ πάτρας;
ΕΛ. Ὁ Διὸς ὁ Διός, ὦ πόσι, με παῖς Μαίας τ'
ἐπέλασεν Νείλῳ.
ΜΕ. Θαυμαστά· τοῦ πέμψαντος; ὦ δεινοὶ λόγοι.
ΕΛ. Κατεδάκρυσα καὶ βλέφαρον ὑγραίνω
δάκρυσιν· ἁ Διός μ' ἄλοχος ὤλεσεν.
ΜΕ. Ἥρα; τί νῷν χρῄζουσα προσθεῖναι κακόν;
ΕΛ. Ὤμοι ἐμῶν δεινῶν, λουτρῶν καὶ κρηνῶν,
ἵνα θεαὶ μορφὰν
ἐφαίδρυναν, ἔνθεν ἔμολεν κρίσις.
ΜΕ. Τί δ' ἐς κρίσιν σοι τήνδ' ἐφῆχ' Ἥρα κακόν;
ΕΛ. Πάριν ὡς ἀφέλοιτο... ΜΕ. Πῶς; αὔδα.
ΕΛ. Κύπρις ᾧ μ' ἐπένευσεν... ΜΕ. Ὦ τλᾶμον.
ΕΛ. Τλάμων, τλάμων· ὧδ' ἐπέλασ' Αἰγύπτῳ.
ΜΕ. Εἶτ' ἀντέδωκ' εἴδωλον, ὡς σέθεν κλύω.

87. Cette nouvelle variante des vers de Stésichore est syntaxiquement très difficile et probablement corrompue, avec deux génitifs absolus et sans verbe principal, et aussi avec une négation dont le sens exige qu'on la fasse porter sur les deux participes, comme s'il y avait

MÉNÉLAS. – Dis tout : ce que les dieux apportent peut s'entendre.

HÉLÈNE. – *Je suis prise d'horreur à ce que je vais dire.*

MÉNÉLAS. – Ah ! parle malgré tout : il est si doux d'entendre évoquer des malheurs passés.

HÉLÈNE. – *Ce n'était pas vers le lit, crois-moi, d'un jeune barbare, que me portait le vol de l'aviron, que m'emportait l'élan d'un désir adultère*[87].

MÉNÉLAS. – Quel sort, quel dieu alors t'arrache à ta patrie ?

HÉLÈNE. – *Le fils de Zeus, de Zeus, ô mon époux, et de Maia m'a portée sur le Nil.*

MÉNÉLAS. – Ô prodige ! envoyé par qui ? Quel conte étrange !

HÉLÈNE. – *Je suis tout éplorée, ma paupière est humide de larmes. C'est l'épouse de Zeus qui a causé ma perte.*

MÉNÉLAS. – Héra ? Mais qu'avait-elle à nous persécuter ?

HÉLÈNE. – *Hélas, ô bains, ô sources, si terribles pour moi, où les déesses vinrent laver leur corps, et d'où vint le jugement.*

MÉNÉLAS. – Et pour ce jugement, Héra te fit souffrir ?

HÉLÈNE. – *Oui, pour frustrer Pâris...*

MÉNÉLAS. – *Comment ? Explique-toi.*

HÉLÈNE. – *Auquel Cypris m'avait promise.*

MÉNÉLAS. – *Infortunée !*

HÉLÈNE. – *Oh ! oui, infortunée ! C'est ainsi qu'en Égypte elle me fit porter.*

MÉNÉLAS. – Et lui livra ton simulacre, m'as-tu dit...

οὐκ ἐπὶ μὲν βαρβάρου ... πετομένου δέ, ce qui est une solution désespérée et à haut risque grammatical. Reiske soupçonnait que πετομένου δέ pouvait cacher un οὐδέ avec une mélecture due à la présence antérieure de πετομένας ; Willink propose de lire <ἔποχον> (με sous-entendu) = « ni emportée par le désir... ».

ΕΛ. Τὰ δὲ ⟨σὰ⟩ κατὰ μέλαθρα πάθεα πάθεα, μᾶ-
τερ, οἳ 'γώ. ΜΕ. Τί φῄς;
ΕΛ. Οὐκ ἔστι μάτηρ· ἀγχόνιον δὲ βρόχον
δι' ἐμὰν κατεδήσατο δύσγαμον αἰσχύναν.
ΜΕ. Ὤμοι· θυγατρὸς δ' Ἑρμιόνης ἔστιν βίος;
ΕΛ. Ἄγαμος ἄτεκνος, ὦ πόσι, καταστένει
γάμον ἄγαμον ⟨ἐμόν⟩.
ΜΕ. Ὦ πᾶν κατ' ἄκρας δῶμ' ἐμὸν πέρσας Πάρις,
τάδε καὶ σὲ διώλεσε μυριάδας τε
χαλκεόπλων Δαναῶν.
ΕΛ. Ἐμὲ δὲ πατρίδος ἄπο κακόποτμον ἀραίαν
ἔβαλε θεὸς ἀπό ⟨τε⟩ πόλεος ἀπό τε σέθεν,
ὅτε μέλαθρα λέχεά τ' ἔλιπον — οὐ λιποῦσ'
ἐπ' αἰσχροῖς γάμοις.
ΧΟ. Εἰ καὶ τὰ λοιπὰ τῆς τύχης εὐδαίμονος
τύχοιτε, πρὸς τὰ πρόσθεν ἀρκέσειεν ἄν.
ΑΓ. Μενέλαε, κἀμοὶ πρόσδοτον τῆς ἡδονῆς,
ἣν μανθάνω μὲν καὐτός, οὐ σαφῶς δ' ἔχω.
ΜΕ. Ἀλλ', ὦ γεραιέ, καὶ σὺ κοινώνει λόγων.
ΑΓ. Οὐχ ἥδε μόχθων τῶν ἐν Ἰλίῳ βραβεύς;
ΜΕ. Οὐχ ἥδε, πρὸς θεῶν δ' ἦμεν ἠπατημένοι,
νεφέλης ἄγαλμ' ἔχοντες ἐν χεροῖν λυγρόν.
ΑΓ. Τί φῄς;
Νεφέλης ἄρ' ἄλλως εἴχομεν πόνους πέρι;
ΜΕ. Ἥρας τάδ' ἔργα καὶ θεῶν τρισσῶν ἔρις.

88. Ces deux vers chantés ont été attribués à Ménélas par le savant byzantin Démétrios Triclinios, alors que L les donne à Hélène ; Willink et Diggle proposent de rétablir la disposition de L (691 pour

HÉLÈNE. – *Et ce que tu souffris, ma mère, souffris en ton palais ! Malheur à moi !*

MÉNÉLAS. – *Que dis-tu ?*

HÉLÈNE. – *Ma mère n'est plus. D'un lacet suspendu elle s'est étranglée par honte de mon adultère.*

MÉNÉLAS. – Hélas, mais notre fille Hermione vit-elle ?

HÉLÈNE. – Sans mari, sans enfant, ô mon époux, elle gémit *sur mon union qui n'en est pas une.*

MÉNÉLAS. – Toi qui de fond en comble as ruiné mon foyer, Pâris, *le voilà donc, ce qui causa ta perte, ce qui fit périr par milliers les Danaens armés d'airain*[88].

HÉLÈNE. – *Et moi loin de ma patrie, la divinité m'a jetée, misérable et maudite, loin de ma ville et loin de toi, le jour où j'ai quitté ma demeure et mon lit – que je ne quittais pas pour une union honteuse..*

LE CHŒUR. – Si votre sort pouvait être heureux désormais, ceci compenserait le malheur de naguère.

LE MESSAGER. – Hélène et Ménélas, faites-moi tous les deux partager ce bonheur que je vois, mais sans bien le comprendre.

MÉNÉLAS. – Allons, vieillard, viens donc prendre part à nos discours.

LE MESSAGER. – C'est point pour celle-ci qu'on s'est battu à Troie ?

MÉNÉLAS. – Non, nous avons été bien joués par les dieux ! Nous n'avions dans les mains qu'une funeste effigie de nuage.

LE MESSAGER. – Comment ? C'était pour un nuage qu'en vain nous nous donnions des peines[89] ?

MÉNÉLAS. – C'était l'œuvre d'Héra et de la querelle des trois déesses !

Ménélas et 692-697 pour Hélène), le σέ (suivi de ἐμὲ δὲ au v. 694) allant mieux dans la bouche d'Hélène – qui a déjà dit la même chose en substance en 49-53 et 196-204.

89. La situation des vers 603-604 s'est en quelque sorte inversée.

ΑΓ. Ἡ δ' οὖσ' ἀληθῶς ἐστιν ἥδε σὴ δάμαρ;
ΜΕ. Αὕτη· λόγοις [δ']ἐμοῖσι πίστευσον τάδε.
ΑΓ. Ὦ θύγατερ, ὁ θεὸς ὡς ἔφυ τι ποικίλον
καὶ δυστέκμαρτον. Εὖ δέ πως ἀναστρέφει
ἐκεῖσε κἀκεῖσ' ἀναφέρων· ὁ μὲν πονεῖ,
ὁ δ' οὐ πονήσας αὖθις ὄλλυται κακῶς,
βέβαιον οὐδὲν τῆς ἀεὶ τύχης ἔχων.
Σὺ γὰρ πόσις τε σὸς πόνων μετέσχετε,
σὺ μὲν λόγοισιν, ὁ δὲ δορὸς προθυμίᾳ.
Σπεύδων δ' ὅτ' ἔσπευδ' οὐδὲν εἶχε· νῦν δ' ἔχει
αὐτόματα πράξας τἀγάθ' εὐτυχέστατα.
Οὐκ ἄρα γέροντα πατέρα καὶ Διοσκόρω
ᾔσχυνας, οὐδ' ἔδρασας οἷα κλῄζεται.
Νῦν ἀνανεοῦμαι τὸν σὸν ὑμέναιον πάλιν
καὶ λαμπάδων μεμνήμεθ' ἃς τετραόροις
ἵπποις τροχάζων παρέφερον· σὺ δ' ἐν δίφροις
ξὺν τῷδε νύμφη δῶμ' ἔλειπες ὄλβιον.
Κακὸς γὰρ ὅστις μὴ σέβει τὰ δεσποτῶν
καὶ ξυγγέγηθε καὶ συνωδίνει κακοῖς.
Ἐγὼ μὲν εἴην, κεἰ πέφυχ' ὅμως λάτρις,
ἐν τοῖσι γενναίοισιν ἠριθμημένος
δούλοισι, τοὔνομ' οὐκ ἔχων ἐλεύθερον,
τὸν νοῦν δέ· κρεῖσσον γὰρ τόδ' ἢ δυοῖν κακοῖν
ἕν' ὄντα χρῆσθαι, τὰς φρένας τ' ἔχειν κακὰς
ἄλλων τ' ἀκούειν δοῦλον ὄντα τῶν πέλας.

LE MESSAGER. – Et celle que voici est ton épouse véritable ?

MÉNÉLAS. – C'est bien elle : ajoute foi à mes paroles.

LE MESSAGER. – Ma fille, comme c'est chose ondoyante que la divinité et qui défie toute conjecture[90] ! Elle a l'art de retourner et tout porter en tous sens, tantôt çà, tantôt là. L'un peine, l'autre non, puis brusquement périt de male mort, sans pouvoir s'assurer sur ce que chaque fois lui présente le sort. C'est ainsi que toi et ton époux avez eu votre part de peine, toi par la médisance et lui dans les combats. Ses efforts, quand il en faisait, ne lui obtenaient rien ; et voici qu'aujourd'hui il obtient d'eux-mêmes ces biens, par la plus heureuse des réussites[91]. Tu n'as donc pas couvert de honte ton vieux père, ni les Dioscures, et tu n'as pas commis ce que dit la rumeur. Aujourd'hui je reprends ton chant d'hyménée[92] et je me souviens des flambeaux qu'en courant à côté de ton char au quadruple attelage je portais, cependant qu'assise en ce quadrige auprès de celui-ci, toi, la jeune épousée, tu quittais ton foyer opulent. Mauvais esclave, qui n'embrasse pas l'intérêt de ses maîtres et ne partage ni leurs joies ni la douleur de leurs malheurs. Pour moi, si ma naissance est servile, du moins puissé-je être compté parmi les bons esclaves, libres de cœur s'ils ne sont pas libres de nom. Cela vaut mieux que de souffrir ce double mal, avoir l'âme servile et par surcroît s'entendre, parce qu'on sert autrui, traiter du nom d'esclave[93].

90. L'adjectif appartient au vocabulaire intellectuel de l'époque (voir, par exemple, THUC., I, 1).

91. Le retournement, inattendu jusqu'au merveilleux, prédominera en seconde partie (cf. 1075 et surtout 1080-1081).

92. Note qui relève du thème de la « renaissance », qui sous-tend l'action de salut.

93. Autre interprétation de ἀκούειν + génitif proposée par Kannicht : « obéir à autrui, en étant esclave des autres ».

ΜΕ. Ἄγ', ὦ γεραιέ, πολλὰ μὲν παρ' ἀσπίδα
μοχθήματ' ἐξέπλησας ἐκπονῶν ἐμοί,
καὶ νῦν μετασχὼν τῆς ἐμῆς εὐπραξίας
ἄγγειλον ἐλθὼν τοῖς λελειμμένοις φίλοις
τάδ' ὡς ἔχονθ' ηὕρηκας οἵ τ' ἐσμὲν τύχης,
μένειν τ' ἐπ' ἀκταῖς τούς τ' ἐμοὺς καραδοκεῖν
ἀγῶνας οἳ μένουσιν οὓς ἐλπίζομεν,
κεἰ τήνδε πως δυναίμεθ' ἐκκλέψαι χθονός,
φρουρεῖν ὅπως ἂν εἰς ἓν ἐλθόντες τύχης
ἐκ βαρβάρων σωθῶμεν, ἢν δυνώμεθα.

ΑΓ. Ἔσται τάδ', ὦναξ. Ἀλλά τοι τὰ μάντεων
ἐσεῖδον ὡς φαῦλ' ἐστὶ καὶ ψευδῶν πλέα.
Οὐδ' ἦν ἄρ' ὑγιὲς οὐδὲν ἐμπύρου φλογὸς
οὐδὲ πτερωτῶν φθέγματ'· εὔηθες δέ τοι
τὸ καὶ δοκεῖν ὄρνιθας ὠφελεῖν βροτούς.
Κάλχας γὰρ οὐκ εἶπ' οὐδ' ἐσήμηνε στρατῷ
νεφέλης ὑπερθνῄσκοντας εἰσορῶν φίλους
οὐδ' Ἕλενος, ἀλλὰ πόλις ἀνηρπάσθη μάτην.
Εἴποις ἄν· Οὕνεχ' ὁ θεὸς οὐκ ἠβούλετο;
Τί δῆτα μαντευόμεθα; τοῖς θεοῖσι χρὴ
θύοντας αἰτεῖν ἀγαθά, μαντείας δ' ἐᾶν·
βίου γὰρ ἄλλως δέλεαρ ηὑρέθη τόδε,
κοὐδεὶς ἐπλούτησ' ἐμπύροισιν ἀργὸς ὤν·
γνώμη δ' ἀρίστη μάντις ἥ τ' εὐβουλία.

MÉNÉLAS. – Allons, vieillard, toi qui, les armes à la main, à mon service as tant peiné, prends aujourd'hui ta part de mon bonheur, et va, à ceux des miens que la guerre épargna, mander où nous en sommes, et l'état où tu viens de trouver nos affaires. Dis-leur d'attendre sur la côte, l'œil au guet, en perspective des combats que j'appréhende, et qu'ils se tiennent prêts, si nous réussissions à tirer du pays furtivement Hélène, à courir même chance, afin que nous puissions échapper tous ensemble aux mains de ces barbares.

LE MESSAGER. – Ce sera fait, ô roi. En vérité, les oracles des devins, je le vois, ne valent rien et ne sont que mensonges[94] ! Il n'est donc rien de bon dans ce que l'on appelle divination par la flamme, ou bien présage tiré des cris d'oiseaux ! Et quelle naïveté de croire que les oiseaux sont utiles aux humains ! Ainsi Calchas n'a rien dit ni rien indiqué à l'armée quand il voyait les siens mourir pour un nuage, pas plus que n'a parlé Hélénos et la ville fut mise à sac pour rien[95]. C'est, dira-t-on, que la divinité ne le voulait pas. Mais alors pourquoi nous adressons-nous aux oracles ? Sacrifions aux dieux, implorons leurs bienfaits, et laissons la divination, inventée pour amuser et pour leurrer la race humaine ! La flamme des autels n'enrichit point l'oisif, et le meilleur devin, c'est le jugement joint à la sage réflexion.

Le messager sort.

94. Cette critique des oracles a depuis longtemps été resituée dans l'atmosphère que décrit Thucydide au lendemain de la défaite de Sicile (VIII, 1). Mais, quelque résonance contemporaine que puisse avoir cette tirade, elle introduit aussi, après les affres de la reconnaissance, le problème pratique de la détermination de l'action, qui va dominer la scène de Théonoé – ce que confirment les valeurs intellectuelles mises en valeur en conclusion au vers 757.

95. Calchas est dans l'*Iliade* le devin des Achéens (cf. I, 69 sq.), Hélénos, de loin le meilleur parmi ceux des Troyens (VI, 76), et c'est toujours le même verdict qui tombe : tout cela pour rien.

ΧΟ. Ἐς ταὐτὸ κἀμοὶ δόξα μάντεων πέρι
χωρεῖ γέροντι· τοὺς θεοὺς ἔχων τις ἂν
φίλους ἀρίστην μαντικὴν ἔχει δόμοις.

ΕΛ. Εἶεν· τὰ μὲν δὴ δεῦρ' ἀεὶ καλῶς ἔχει.
Ὅπως δ' ἐσώθης, ὦ τάλας, Τροίας ἄπο,
κέρδος μὲν οὐδὲν εἰδέναι, πόθος δέ τις
τὰ τῶν φίλων φίλοισιν αἰσθέσθαι κακά.

ΜΕ. Ἦ πόλλ' ἀνήρου μ' ἑνὶ λόγῳ μιᾷ θ' ὁδῷ.
Τί σοι λέγοιμ' ἂν τὰς ἐν Αἰγαίῳ φθορὰς
τὰ Ναυπλίου τ' Εὐβοϊκὰ πυρπολήματα
Κρήτην τε Λιβύην θ' ἃς ἐπεστράφην πόλεις,
σκοπιάς τε Περσέως· οὐ γὰρ ἐμπλήσαιμί σ' ⟨ἂν⟩
μύθων, λέγων τ' ἄν σοι κάκ' ἀλγοίην ἔτι,
πάσχων τ' ἔκαμνον· δὶς δὲ λυπηθεῖμεν ἄν.

ΕΛ. Κάλλιον εἶπας ἤ σ' ἀνηρόμην ἐγώ.
Ἓν δ' εἰπὲ πάντα παραλιπών, πόσον χρόνον
πόντου 'πὶ νώτοις ἅλιον ἐφθείρου πλάνον ;

ΜΕ. Ἐν ναυσὶν ὢν πρὸς τοῖσιν ἐν Τροίᾳ δέκα
ἔτεσι διῆλθον ἑπτὰ περιδρομὰς ἐτῶν.

ΕΛ. Φεῦ φεῦ· μακρόν γ' ἔλεξας, ὦ τάλας, χρόνον·
σωθεὶς δ' ἐκεῖθεν ἐνθάδ' ἦλθες ἐς σφαγάς.

ΜΕ. Πῶς φῄς ; τί λέξεις ; ὥς μ' ἀπώλεσας, γύναι.

ΕΛ. Φεῦγ' ὡς τάχιστα τῆσδ' ἀπαλλαχθεὶς χθονός.
Θανῇ πρὸς ἀνδρὸς οὗ τάδ' ἐστὶ δώματα.

ΜΕ. Τί χρῆμα δράσας ἄξιον τῆς συμφορᾶς ;

LE CHŒUR. – Sur les devins, je suis de l'avis du vieillard : qui a les dieux pour amis a chez lui la meilleure des divinations[96].

HÉLÈNE. – Bon, jusqu'ici, tout est bien. Mais comment, malheureux, as-tu pu te sauver depuis Troie ? Le savoir, sans doute, est inutile, mais les amis toujours ont le désir d'entendre le récit du malheur qui frappa les amis.

MÉNÉLAS. – D'un mot, d'un coup, combien de choses tu demandes ! Pourquoi te dire les désastres de l'Égée, les falots allumés par Nauplios d'Eubée, la Crète, la Libye, enfin tous les parages que j'ai battus, le promontoire de Persée ? Car j'aurais beau conter, je ne pourrais jamais t'en dire assez et ne ferais que raviver les souffrances qui m'ont naguère torturé : ce serait là doubler le fardeau de nos peines[97].

HÉLÈNE. – Ta réponse a plus de raison que ma demande. Au moins, dis-moi ceci, négligeant tout le reste : combien de temps dura, sur le dos de la mer, ta lamentable errance ?

MÉNÉLAS. – Après les dix années passées autour de Troie j'en ai vécu encor sept autres sur mes nefs.

HÉLÈNE. – Hélas, hélas, bien long est le temps que tu dis, malheureux ! Dire qu'à ces périls tu n'aurais échappé que pour tomber ici sous le fer meurtrier !

MÉNÉLAS. – Comment, que veux-tu dire ? Ô, femme, tu me tues !

HÉLÈNE. – Fuis le plus tôt possible, et sors de ce pays, car tu mourras de la main de celui à qui est ce palais.

MÉNÉLAS. – Quel crime ai-je commis qui mérite ce triste sort ?

96. S'il se dit d'accord avec le vieillard, le Chœur ajoute au bon conseil, l'amitié des dieux : ce sont ces deux éléments qu'on retrouvera dans les conseils de Théonoé (1022-1027).

97. Voir *supra*, n. 28.

ΕΛ. Ἥκεις ἄελπτος ἐμποδὼν ἐμοῖς γάμοις.
ΜΕ. Ἦ γὰρ γαμεῖν τις τἄμ' ἐβουλήθη λέχη ;
ΕΛ. Ὕβριν θ' ὑβρίζειν εἰς ἔμ', ἣν ἔτλην ἐγώ.
ΜΕ. Ἰδίᾳ σθένων τις ἢ τυραννεύων χθονός ;
ΕΛ. Ὃς γῆς ἀνάσσει τῆσδε Πρωτέως γόνος.
ΜΕ. Τόδ' ἔστ' ἐκεῖν' αἴνιγμ' ὃ προσπόλου κλύω.
ΕΛ. Ποίοις ἐπιστὰς βαρβάροις πυλώμασιν ;
ΜΕ. Τοῖσδ', ἔνθεν ὥσπερ πτωχὸς ἐξηλαυνόμην.
ΕΛ. Οὔ που προσῄτεις βίοτον ; ὢ τάλαιν' ἐγώ.
ΜΕ. Τοὔργον μὲν ἦν τοῦτ', ὄνομα δ' οὐκ εἶχεν τόδε.
ΕΛ. Πάντ' οἶσθ' ἄρ', ὡς ἔοικας, ἀμφ' ἐμῶν γάμων.
ΜΕ. Οἶδ'· εἰ δὲ λέκτρα διέφυγες τάδ' οὐκ ἔχω.
ΕΛ. Ἄθικτον εὐνὴν ἴσθι σοι σεσωσμένην.
ΜΕ. Τίς τοῦδε πειθώ ; φίλα γάρ, εἰ σαφῆ λέγεις.
ΕΛ. Ὁρᾷς τάφου τοῦδ' ἀθλίους ἕδρας ἐμάς ;
ΜΕ. Ὁρῶ, τάλαινα, στιβάδας, ὧν τί σοὶ μέτα ;
ΕΛ. Ἐνταῦθα λέκτρων ἱκετεύομεν φυγάς.
ΜΕ. Βωμοῦ σπανίζουσ' ἢ νόμοισι βαρβάροις ;
ΕΛ. Ἐρρύεθ' ἡμᾶς τοῦτ' ἴσον ναοῖς θεῶν.
ΜΕ. Οὐδ' ἄρα πρὸς οἴκους ναυστολεῖν ⟨σ'⟩ ἔξεστί μοι ;

HÉLÈNE. – Ta soudaine venue fait obstacle à mes noces.

MÉNÉLAS. – Quelqu'un voulait-il donc épouser mon épouse ?

HÉLÈNE. – Et m'outrager : je suis en butte à sa poursuite.

MÉNÉLAS. – Est-ce un particulier puissant, ou bien un prince ?

HÉLÈNE. – C'est le fils de Protée, le roi de ce pays.

MÉNÉLAS. – Voilà donc le fin mot de l'énigme dite par la portière !

HÉLÈNE. – À quelles portes barbares t'étais-tu adressé ?

MÉNÉLAS. – À celles-ci d'où je fus chassé comme un gueux.

HÉLÈNE. – Tu mendiais ton pain peut-être ? Ô malheureuse !

MÉNÉLAS. – Je faisais ce métier, quelque nom qu'on lui donne !

HÉLÈNE. – Donc, tu dois tout savoir au sujet de mes noces…

MÉNÉLAS. – Oui : mais, si tu as échappé à sa couche, je l'ignore.

HÉLÈNE. – Sache que ton épouse a su se garder pure.

MÉNÉLAS. – Comment te croire ? Ah, quel bonheur si tu dis vrai !

HÉLÈNE. – Vois-tu sur ce tombeau ma misérable couche ?

MÉNÉLAS. – Oui, je vois ce grabat : à quoi te servait-il ?

HÉLÈNE. – J'y trouvais, suppliante, abri contre l'outrage.

MÉNÉLAS. – À défaut d'un autel ? ou suivais-tu la coutume barbare ?

HÉLÈNE. – Ce tombeau m'a sauvée comme un temple divin.

MÉNÉLAS. – Je ne puis donc te ramener dans nos foyers ?

ΕΛ. Ξίφος μένει σε μᾶλλον ἢ τοὐμὸν λέχος.
ΜΕ. Οὕτως ἂν εἴην ἀθλιώτατος βροτῶν.
ΕΛ. Μή νυν καταιδοῦ, φεῦγε δ' ἐκ τῆσδε χθονός.
ΜΕ. Λιπών σε; Τροίαν ἐξέπερσα σὴν χάριν.
ΕΛ. Κρεῖσσον γὰρ ἤ σε τἄμ' ἀποκτεῖναι λέχη.
ΜΕ. Ἄνανδρά γ' εἶπας Ἰλίου τ' οὐκ ἄξια.
ΕΛ. Οὐκ ἂν κτάνοις τύραννον, ὃ σπεύδεις ἴσως.
ΜΕ. Οὕτω σιδήρῳ τρωτὸν οὐκ ἔχει δέμας;
ΕΛ. Εἴσῃ· τὸ τολμᾶν δ' ἀδύνατ' ἀνδρὸς οὐ σοφοῦ.
ΜΕ. Σιγῇ παράσχω δῆτ' ἐμὰς δῆσαι χέρας;
ΕΛ. Ἐς ἄπορον ἥκεις· δεῖ δὲ μηχανῆς τινος.
ΜΕ. Δρῶντας γὰρ ἢ μὴ δρῶντας ἥδιον θανεῖν.
ΕΛ. Μί' ἔστιν ἐλπίς, ᾗ μόνῃ σωθεῖμεν ἄν.
ΜΕ. Ὠνητὸς ἢ τολμητὸς ἢ λόγων ὕπο;
ΕΛ. Εἰ μὴ τύραννός ⟨σ'⟩ ἐκπύθοιτ' ἀφιγμένον.
ΜΕ. Ἐρεῖ δὲ τίς μ'; Οὐ γνώσεταί γ' ὅς εἰμ' ἐγώ.
ΕΛ. Ἔστ' ἔνδον αὐτῷ ξύμμαχος θεοῖς ἴση.
ΜΕ. Φήμη τις οἴκων ἐν μυχοῖς ἱδρυμένη;
ΕΛ. Οὔκ, ἀλλ' ἀδελφή· Θεονόην καλοῦσί νιν.
ΜΕ. Χρηστήριον μὲν τοὔνομ'· ὅ τι δὲ δρᾷ φράσον.

HÉLÈNE. – C'est le glaive qui t'attend, bien plutôt que mon lit.

MÉNÉLAS. – Alors je suis le plus infortuné des hommes !

HÉLÈNE. – Ne rougis point de fuir : évade-toi d'ici.

MÉNÉLAS. – T'abandonner ? Pour toi j'ai conquis Ilion.

HÉLÈNE. – Cela vaut mieux que de périr pour mon amour.

MÉNÉLAS. – Lâches sont tes conseils et indignes de Troie.

HÉLÈNE. – Tu ne pourras tuer le roi, comme tu y songes peut-être.

MÉNÉLAS. – Pourtant son corps n'est point invulnérable au fer ?

HÉLÈNE. – Tu verras bien : tenter l'impossible n'est pas d'un homme sage.

MÉNÉLAS. – Dois-je prêter mes mains aux chaînes, sans mot dire ?

HÉLÈNE. – Te voilà dans l'impasse. Il nous faut trouver quelque subterfuge.

MÉNÉLAS. – S'il faut mourir, mieux vaut mourir en agissant.

HÉLÈNE. – Je ne vois qu'un espoir, un seul, de nous sauver.

MÉNÉLAS. – En payant, en osant ou bien par la parole ?

HÉLÈNE. – Il faut que le tyran ignore ta venue.

MÉNÉLAS. – Qui me dénoncera ? Il ne peut me connaître.

HÉLÈNE. – Il a chez lui une alliée égale aux dieux.

MÉNÉLAS. – Quelque voix prophétique au fond de son palais ?

HÉLÈNE. – Non, mais sa propre sœur, nommée Théonoé.

MÉNÉLAS. – Vrai nom de prophétesse ; et que fait cette femme ? dis-moi.

ΕΛ. Πάντ' οἶδ', ἐρεῖ τε συγγόνῳ παρόντα σε.
ΜΕ. Θνῄσκοιμεν ἄν· λαθεῖν γὰρ οὐχ οἷόν τέ μοι.
ΕΛ. Εἴ πως ἂν ἀναπείσαιμεν ἱκετεύοντέ νιν —
ΜΕ. Τί χρῆμα δρᾶσαι; Τίν' ὑπάγεις μ' ἐς ἐλπίδα;
ΕΛ. Παρόντα γαίᾳ μὴ φράσαι σε συγγόνῳ.
ΜΕ. Πείσαντε δ' ἐκ γῆς διορίσαιμεν ἂν πόδα;
ΕΛ. Κοινῇ γ' ἐκείνῃ ῥᾳδίως, λάθρᾳ δ' ἂν οὔ.
ΜΕ. Σὸν ἔργον, ὡς γυναικὶ πρόσφορον γυνή.
ΕΛ. Ὡς οὐκ ἄχρωστα γόνατ' ἐμῶν ἕξει χερῶν.
ΜΕ. Φέρ', ἢν δὲ δὴ νῷν μὴ ἀποδέξηται λόγους;
ΕΛ. Θανῇ· γαμοῦμαι δ' ἡ τάλαιν' ἐγὼ βίᾳ.
ΜΕ. Προδότις ἂν εἴης· τὴν βίαν σκήψασ' ἔχεις.
ΕΛ. Ἀλλ' ἁγνὸν ὅρκον σὸν κάρα κατώμοσα...
ΜΕ. Τί φῄς; θανεῖσθαι; κοὔποτ' ἀλλάξεις λέχη;
ΕΛ. Ταὐτῷ ξίφει γε· κείσομαι δὲ σοῦ πέλας.
ΜΕ. Ἐπὶ τοῖσδε τοίνυν δεξιᾶς ἐμῆς θίγε.
ΕΛ. Ψαύω, θανόντος σοῦ τόδ' ἐκλείψειν φάος.
ΜΕ. Κἀγὼ στερηθεὶς σοῦ τελευτήσω βίον.

HÉLÈNE. – Elle sait tout et elle dénoncera ta présence à son frère.

MÉNÉLAS. – Je mourrai donc, puisque je ne peux la tromper.

HÉLÈNE. – À moins que nous ne réussissions à la convaincre en unissant tous deux nos prières ?

MÉNÉLAS. – De faire quoi ? Quel est l'espoir que tu me donnes ?

HÉLÈNE. – De ne point révéler ta présence à son frère,

MÉNÉLAS. – L'ayant persuadée, nous pourrons fuir d'ici ?

HÉLÈNE. – Sans peine avec son aide : à son insu, jamais.

MÉNÉLAS. – Alors, c'est ton affaire : aux femmes de s'entendre.

HÉLÈNE. – Ah, je vais sans relâche embrasser ses genoux.

MÉNÉLAS. – Mais, si elle rejette notre double prière ?

HÉLÈNE. – Tu mourras. Et moi, infortunée, je ferai un mariage forcé.

MÉNÉLAS. – Tu me trahis, en t'excusant sur la contrainte…

HÉLÈNE. – Eh bien sur ta tête je fais le serment sacré…

MÉNÉLAS. – Quoi, de mourir ? et jamais tu ne changeras d'époux ?

HÉLÈNE. – Oui, de mourir du même glaive que toi et je serai, dans la mort, étendue près de toi.

MÉNÉLAS. – Touche donc ma main droite et fais-moi ce serment.

HÉLÈNE. – Je la touche : toi mort, je jure de quitter la lumière du jour.

MÉNÉLAS. – Et moi, privé de toi, je finirai mes jours[98].

98. Même promesse de mourir ensemble, après une même tentative d'Iphigénie de convaincre son frère de se sauver sans elle en *IT*, 988-1016.

ΕΛ. Πῶς οὖν θανούμεθ' ὥστε καὶ δόξαν λαβεῖν;

ΜΕ. Τύμβου 'πὶ νώτῳ σὲ κτανὼν ἐμὲ κτενῶ.
Πρῶτον δ' ἀγῶνα μέγαν ἀγωνιούμεθα
λέκτρων ὑπὲρ σῶν. Ὁ δὲ θέλων ἴτω πέλας·
τὸ Τρωικὸν γὰρ οὐ καταισχυνῶ κλέος
οὐδ' Ἑλλάδ' ἐλθὼν λήψομαι πολὺν ψόγον,
ὅστις Θέτιν μὲν ἐστέρησ' Ἀχιλλέως,
Τελαμωνίου δ' Αἴαντος εἰσεῖδον σφαγάς,
τὸν Νηλέως τ' ἄπαιδα· διὰ δὲ τὴν ἐμὴν
οὐκ ἀξιώσω κατθανεῖν δάμαρτ' ἐγώ;
Μάλιστά γ'. εἰ γάρ εἰσιν οἱ θεοὶ σοφοί,
εὔψυχον ἄνδρα πολεμίων θανόνθ' ὕπο
κούφῃ καταμπίσχουσιν ἐν τύμβῳ χθονί,
κακοὺς δ' ἔφ' ἕρμα στερεὸν ἐκβάλλουσι γῆς.

ΧΟ. Ὦ θεοί, γενέσθω δή ποτ' εὐτυχὲς γένος
τὸ Ταντάλειον καὶ μεταστήτω κακῶν.

ΕΛ. Οἳ 'γὼ τάλαινα· τῆς τύχης γὰρ ὧδ' ἔχω.
Μενέλαε, διαπεπράγμεθ'· ἐκβαίνει δόμων
ἡ θεσπιῳδὸς Θεονόη· κτυπεῖ δόμος
κλῄθρων λυθέντων. Φεῦγ'· ἀτὰρ τί φευκτέον;
Ἄπουσα γάρ σε καὶ παροῦσ' ἀφιγμένον
δεῦρ' οἶδεν· ὦ δύστηνος, ὡς ἀπωλόμην.
Τροίας δὲ σωθεὶς κἀπὸ βαρβάρου χθονὸς
ἐς βάρβαρ' ἐλθὼν φάσγαν' αὖθις ἐμπεσῇ.

ΘΕΟΝΟΗ

Ἡγοῦ σύ μοι φέρουσα λαμπτήρων σέλας,
θείου δέ, σεμνὸν θεσμόν, αἰθέρος μυχόν,

HÉLÈNE. – Mais comment ferons-nous pour mourir avec gloire ?

MÉNÉLAS. – Je te tuerai, puis me tuerai sur ce tombeau. Mais tout d'abord je livrerai un grand combat pour défendre ta couche : approche qui veut ! Je ne souillerai point ma gloire acquise à Troie. Je n'irai point en Grèce, y chercher des opprobres. Moi, à qui Thétis doit la mort de son Achille, qui vis périr Ajax, le fils de Télamon, moi enfin qui privai de son fils le Nélide[99], quoi, je ne saurais pas mourir, moi, pour ma femme ? Je saurai ; car si les dieux sont sages, ils revêtent d'une terre légère dans la tombe le vaillant héros mort sous les coups de l'ennemi, tandis que, les lâches, ils les rejettent de leur terre, contre un tertre pierreux.

LE CHŒUR. – Dieux, puisse quelque jour la race de Tantale connaître le bonheur et être délivrée des maux !

HÉLÈNE. – Malheur à moi ! Voilà donc où j'en suis ! Ménélas, c'en est fait de nous ! La prophétesse Théonoé sort du palais : j'entends le bruit des verrous que l'on tire. Ah, fuis donc ! mais, à quoi bon fuir ? Absente ou bien présente, elle connaît ton arrivée ; malheur à moi ! Je suis perdue ! Sauvé de Troie et des barbares, sous le glaive barbare à nouveau tu retombes.

La porte de droite du palais – celle de l'appartement de Théonoé – s'étant ouverte, la prêtresse Théonoé apparaît avec le cortège sacré décrit dans les vers suivants.

THÉONOÉ. – Précède-moi, portant la splendeur des flambeaux, et fais monter le soufre au fond de l'éther

99. À comparer à *Odyssée*, III, 109 sq.

ὡς πνεῦμα καθαρὸν οὐρανοῦ δεξώμεθα·
σὺ δ' αὖ κέλευθον εἴ τις ἔβλαψεν ποδὶ
στείβων ἀνοσίῳ, δὸς καθαρσίῳ φλογί,
κροῦσον δὲ πεύκην, ἵνα διεξέλθω, πάρος.
Νόμον δὲ τὸν ἐμὸν θεοῖσιν ἀποδοῦσαι, πάλιν
ἐφέστιον φλόγ' ἐς δόμους κομίζετε.
  Ἑλένη, τί τἀμά — πῶς ἔχει — θεσπίσματα;
Ἥκει πόσις σοι Μενέλεως ὅδ' ἐμφανής,
νεῶν στερηθεὶς τοῦ τε σοῦ μιμήματος.
Ὦ τλῆμον, οἵους διαφυγὼν ἦλθες πόνους,
οὐδ' οἶσθα νόστον οἴκαδ' εἴτ' αὐτοῦ μενεῖς·
ἔρις γὰρ ἐν θεοῖς σύλλογός τε σοῦ πέρι
ἔσται πάρεδρος Ζηνὶ τῷδ' ἐν ἤματι.
Ἥρα μέν, ἥ σοι δυσμενὴς πάροιθεν ἦν,
νῦν ἐστιν εὔνους κἀς πάτραν σῶσαι θέλει
ξὺν τῇδ', ἵν' Ἑλλὰς τοὺς Ἀλεξάνδρου γάμους,
δώρημα Κύπριδος, ψευδονυμφεύτους μάθῃ·
Κύπρις δὲ νόστον σὸν διαφθεῖραι θέλει,
ὡς μήτ' ἐλεγχθῇ μήτε πριαμένη φανῇ
τὸ κάλλος, Ἑλένης οὕνεκ', ἀνονήτοις γάμοις.
Τέλος δ' ἐφ' ἡμῖν, εἴθ', ἃ βούλεται Κύπρις,
λέξασ' ἀδελφῷ σ' ἐνθάδ' ὄντα διολέσω,
εἴτ' αὖ μεθ' Ἥρας στᾶσα σὸν σώσω βίον,
κρύψασ' ὁμαίμον', ὅς με προστάσσει τάδε
εἰπεῖν, ὅταν γῆν τήνδε νοστήσας τύχῃς...
  Τίς εἶσ' ἀδελφῷ τόνδε σημανῶν ἐμῷ
παρόνθ', ὅπως ἂν τοὐμὸν ἀσφαλῶς ἔχῃ;

100. À rapprocher des conseils divins d'*Odyssée*, I et V, sur le retour d'Ulysse.

101. Le rapport de cette phrase à la précédente a été très discuté. L'interprétation de Zuntz, reprise par Kannicht, qui considère que la décision est développée par l'alternative au subjonctif délibératif – qui reprend les positions de Cypris et Héra –, et qu'il ne s'agit pas pour

– rite auguste – afin que nous recevions l'air du ciel purifié. Et toi, livre de même à la flamme lustrale le chemin que souilla peut-être un pied profane. Secoue la torche devant moi, sur mon passage. Enfin, rendant aux dieux le culte que j'ordonne, rapportez à l'autel royal le feu sacré. Hélène, que dis-tu de mes prédictions ? Ton époux Ménélas se présente à tes yeux, ayant perdu ses nefs ainsi que ton image. Ô malheureux, à quelles peines tu as échappé pour arriver ici ! et tu ne sais même pas si tu obtiendras ton retour chez toi ou si tu resteras ici même. Car en ce jour les dieux, par Zeus même assemblés, débattront sur ton sort[100]. Héra, ton ennemie d'antan, maintenant te favorise et veut te faire rentrer sain et sauf dans ta patrie, avec celle-ci, afin que les Hellènes sachent que les dons de Cypris, les amours d'Alexandre, ne furent qu'un mensonge. Aphrodite, en revanche, s'efforce maintenant d'empêcher ton retour, redoutant de se voir dénoncée, confondue, pour avoir acheté son renom de beauté par le don de l'hymen illusoire d'Hélène. Il m'appartient de décider, si je dois, comme le veut Cypris, dire à mon frère que tu es ici et te perdre ou, au contraire, si je dois, me mettant du côté d'Héra, te sauver la vie, en le cachant à mon frère, dont l'ordre est que je lui dise lorsque tu auras abordé cette terre[101]. Y a-t-il pas quelqu'un pour aller annoncer à mon frère que cet homme est ici, afin que je sois pour ma part pleinement à l'abri[102]?

Théonoé de décider *à la place des déesses*, est la plus convaincante. Il l'appuie, comme argument extérieur, sur la recommandation ultime de prier les déesses. Si elle est l'arbitre souverain, la nécessité en semble moins pressante.

102. Zuntz fait remarquer que, d'abord, on ne sait pas à qui s'adresse cet ordre – Dale invente que c'est au Chœur qui, allié d'Hélène, ne bouge pas, ce qui n'est pas très convaincant – et qu'ensuite, non seulement il n'est pas suivi d'effet, mais il n'est même pas du tout pris en compte par Hélène qui normalement devrait commencer en lui demandant de l'annuler ; d'où l'hypothèse d'une corruption – déjà suggérée par Reiske et Wilamowitz.

ΕΛ. Ὦ παρθέν', ἱκέτις ἀμφὶ σὸν πίτνω γόνυ
καὶ προσκαθίζω θᾶκον οὐκ εὐδαίμονα
ὑπέρ τ' ἐμαυτῆς τοῦδέ θ', ὃν μόλις ποτὲ
λαβοῦσ' ἐπ' ἀκμῆς εἶμι κατθανόντ' ἰδεῖν·
μή μου κατείπῃς σῷ κασιγνήτῳ πόσιν
τόνδ' εἰς ἐμὰς ἥκοντα φιλτάτας χέρας,
σῶσον δέ, λίσσομαί σε· συγγόνῳ δὲ σῷ
τὴν εὐσέβειαν μὴ προδῷς τὴν σήν ποτε,
χάριτας πονηρὰς κἀδίκους ὠνουμένη.
Μισεῖ γὰρ ὁ θεὸς τὴν βίαν, τὰ κτητὰ δὲ
κτᾶσθαι κελεύει πάντας οὐκ ἐς ἁρπαγάς.
Ἐατέος δ' ὁ πλοῦτος ἄδικός τις ὤν.
Κοινὸς γάρ ἐστιν οὐρανὸς πᾶσιν βροτοῖς
καὶ γαῖ', ἐν ᾗ χρὴ δώματ' ἀναπληρουμένους
τἀλλότρια μὴ σχεῖν μηδ' ἀφαιρεῖσθαι βίᾳ.
Ἡμᾶς δὲ μακαρίως μέν, ἀθλίως δ' ἐμοί,
Ἑρμῆς ἔδωκε πατρὶ σῷ σῴζειν πόσει
τῷδ' ὃς πάρεστι κἀπολάζυσθαι θέλει.
Πῶς οὖν θανὼν ἂν ἀπολάβοι; Κεῖνος δὲ πῶς
τὰ ζῶντα τοῖς θανοῦσιν ἀποδοίη ποτ' ἄν;
Ἤδη τὰ τοῦ θεοῦ καὶ τὰ τοῦ πατρὸς σκόπει·
πότερον ὁ δαίμων χὠ θανὼν τὰ τῶν πέλας
βούλοιντ' ἂν ἢ ⟨οὐ⟩ βούλοιντ' ἂν ἀποδοῦναι πάλιν;
Δοκῶ μέν. Οὔκουν χρή σε συγγόνῳ πλέον
νέμειν ματαίῳ μᾶλλον ἢ χρηστῷ πατρί.
Εἰ δ' οὖσα μάντις καὶ τὰ θεῖ' ἡγουμένη
τὸ μὲν δίκαιον τοῦ πατρὸς διαφθερεῖς,
τῷ δ' οὐ δικαίῳ συγγόνῳ σώσεις δίκην,
αἰσχρὸν τὰ μέν σε θεῖα πάντ' ἐξειδέναι,
τά τ' ὄντα καὶ μέλλοντα, τὰ δὲ δίκαια μή.

103. Ce lieu commun (cf. *Travaux*, 321 ou EUR., *Électre*, 943), outre qu'il pose quelques problèmes métriques – d'où la correction du

HÉLÈNE. – Ô vierge, à tes genoux je tombe en suppliante ; je prends ici la plus misérable posture, en te priant pour moi, pour lui, que, retrouvé à peine, je vais voir peut-être étendu mort ! Ne va pas dénoncer mon époux à ton frère, mon époux revenu dans mes bras amoureux. Sauve-moi, je t'en supplie, et que jamais tu ne trahisses pour ce frère ta piété, payant sa gratitude au prix d'un crime atroce ! Car la divinité a la violence en haine et commande aux mortels de ne rien acquérir par les voies de la force. Il nous faut renoncer à la richesse injuste[103], car le ciel est un bien commun à tous les hommes, ainsi que la terre, sur laquelle il ne faut point remplir sa demeure du bien d'autrui ravi de force ! Hermès m'avait remise, heureusement sans doute en un sens, mais aussi fâcheusement pour moi, en dépôt à ton père, afin qu'il me gardât à mon époux, qui est ici et veut me reprendre. Comment, mort, pourrait-il me recouvrer ? Et Protée[104], comment pourrait-il jamais rendre un vivant à un mort ? Considère maintenant le point de vue de la divinité et celui de ton père : les dieux et le mort voudraient-ils, oui ou non, restituer le bien d'autrui ? Je crois que oui, et tu ne dois pas plus au frère sans scrupules qu'au père vertueux. Fuis, tu es prophétesse, tu crois aux dieux. Si tu démens le beau renom paternel de justice, et qu'à ce frère injuste tu te montres fidèle, il paraîtra honteux que tu connaisses toute chose divine, présent et avenir, mais la justice point. Sauve-moi,

ἄδικος des manuscrits en ἄδικος, la crase entraînant un allongement de l'α, ou ἔκδικος –, ne paraît pas très bien s'intégrer dans la suite des idées ; discussion détaillée dans KANNICHT, *ad loc.*

104. Le grec emploie le démonstratif κεῖνος pour désigner Protée, le fait qu'il soit mort n'entrant pas ici en ligne de compte ; ce point de vue sera adopté par Ménélas (*infra*, 965), tandis qu'Hélène se concentre sur la nécessité pour Ménélas de rester en vie et envisage l'action sous ses deux aspects : mort, il ne pourra pas la recevoir, et on ne pourra pas la lui rendre ; cette seconde formulation permet un jeu saisissant sur le vivant et le mort (juxtaposés v. 913), qui s'inscrit bien dans la thématique de cette scène.

Τήνδ' ἀθλίαν ἔμ', οἷσιν ἔγκειμαι κακοῖς,
ῥῦσαι, πάρεργον δοῦσα τοῦτο τῆς τύχης·
Ἑλένην γὰρ οὐδεὶς ὅστις οὐ στυγεῖ βροτῶν·
ἣ κλῄζομαι καθ' Ἑλλάδ' ὡς προδοῦσ' ἐμὸν
πόσιν Φρυγῶν ᾤκησα πολυχρύσους δόμους.
Ἢν δ' Ἑλλάδ' ἔλθω κἀπιβῶ Σπάρτης ⟨πάλιν⟩,
κλύοντες εἰσιδόντες ὡς τέχναις θεῶν
ὤλοντ', ἐγὼ δὲ προδότις οὐκ ἄρ' ἦ φίλων,
πάλιν μ' ἀνάξουσ' ἐς τὸ σῶφρον αὖθις αὖ,
ἐκδώσομαί τε θυγατέρ', ἣν οὐδεὶς γαμεῖ,
τὴν δ' ἐνθάδ' ἐκλιποῦσ' ἀλητείαν πικρὰν
ὄντων ἐν οἴκοις χρημάτων ὀνήσομαι.
Κεὶ μὲν Φρυγῶν ὅδ' ἐν γύαις κατεσφάγη,
πρόσω σφ' ἀπόντα δακρύοις ἂν ἠγάπων·
νῦν δ' ὄντα καὶ σωθέντ' ἀφαιρεθήσομαι;
Μὴ δῆτα, παρθέν', ἀλλά σ' ἱκετεύω τόδε·
δὸς τὴν χάριν μοι τήνδε καὶ μιμοῦ τρόπους
πατρὸς δικαίου· παισὶ γὰρ κλέος τόδε
κάλλιστον, ὅστις ἐκ πατρὸς χρηστοῦ γεγὼς
ἐς ταὐτὸν ἦλθε τοῖς τεκοῦσι τοὺς τρόπους.

ΧΟ. Οἰκτρὸν μὲν οἱ παρόντες ἐν μέσῳ λόγοι,
οἰκτρὰ δὲ καὶ σύ. Τοὺς δὲ Μενέλεω ποθῶ
λόγους ἀκοῦσαι τίνας ἐρεῖ ψυχῆς πέρι.

ΜΕ. Ἐγὼ σὸν οὔτ' ἂν προσπεσεῖν τλαίην γόνυ
οὔτ' ἂν δακρῦσαι βλέφαρα· τὴν Τροίαν γὰρ ἂν
δειλοὶ γενόμενοι πλεῖστον αἰσχύνοιμεν ἄν.

malheureuse, et de maux accablée. Accorde-moi cela, car c'est bien peu de chose à côté de ma destinée. Car il n'est aucun mortel qui ne haïsse Hélène, et la rumeur court par la Grèce que j'ai trahi mon époux, habité les demeures dorées des Phrygiens ! Mais si je rentre en Grèce, si je remets le pied à Sparte, entendant et voyant de leurs yeux qu'ils n'ont dû leur perte qu'aux prestiges des dieux, et que jamais je n'ai trahi les miens, ils me rendront l'honneur, j'établirai ma fille dont personne ne veut ; enfin débarrassée de l'affreuse misère où je végète ici, je jouirai des biens dont ma maison est pleine. Encor s'il fût tombé dans les champs de Phrygie, en dépit de l'absence, mes larmes lui rendraient les derniers honneurs[105]. Mais revenu, sauvé, va-t-on me le reprendre ? Non, ne fais pas cela, vierge, je t'en supplie. Ah, fais-moi cette grâce : imite la conduite de ton père, ce juste : est-il plus belle gloire, pour ceux qui sont issus d'un père généreux, que d'égaler les mœurs de leurs parents ?

LE CHŒUR[106]. – Émouvants à coup sûr sont les présents discours, et tu m'émeus moi-même. À présent, je voudrais entendre Ménélas plaider pour son salut.

MÉNÉLAS. – Pour moi, je ne veux point tomber à tes genoux, ni mouiller ma paupière : en faiblissant ainsi, je démentirais trop mes prouesses troyennes. Je le sais : on

105. Φρυγῶν ... ἐν γύαις est une correction de Grégoire pour θανὼν ... ἐν πυρᾷ ; le texte transmis est donc « si, mort, il avait été égorgé sur le bûcher », ce qui n'est à l'évidence pas satisfaisant ; il faut donc corriger soit le verbe (Reiske, par ex., propose κατεστάλη), soit le complément de lieu, mais aucune solution convaincante n'a pour l'instant été apportée et la dernière édition Diggle se contente de marquer le verbe d'une *crux*.

106. L attribue la réplique à Théonoé, ce qui ne correspond pas aux habitudes des scènes d'*agôn*, où c'est le chœur qui articule les deux discours.

Καίτοι λέγουσιν ὡς πρὸς ἀνδρὸς εὐγενοῦς
ἐν ξυμφοραῖσι δάκρυ' ἀπ' ὀφθαλμῶν βαλεῖν.
'Αλλ' οὐχὶ τοῦτο τὸ καλόν, εἰ καλὸν τόδε,
αἱρήσομαι 'γὼ πρόσθε τῆς εὐανδρίας.
'Αλλ', εἰ μὲν ἄνδρα σοι δοκεῖ σῶσαι ξένον
ζητοῦντά γ' ὀρθῶς ἀπολαβεῖν δάμαρτ' ἐμήν,
ἀπόδος τε καὶ πρὸς σῶσον· εἰ δὲ μὴ δοκεῖ,
ἐγὼ μὲν οὐ νῦν πρῶτον ἀλλὰ πολλάκις
ἄθλιος ἂν εἴην, σὺ δὲ γυνὴ κακὴ φανῇ.

῝Α δ' ἄξι' ἡμῶν καὶ δίκαι' ἡγούμεθα
καὶ σῆς μάλιστα καρδίας ἀνθάψεται,
λέξω τάδ' ἀμφὶ μνῆμα σοῦ πατρὸς πεσών·
῏Ω γέρον, ὃς οἰκεῖς τόνδε λάινον τάφον,
ἀπόδος, ἀπαιτῶ τὴν ἐμὴν δάμαρτά σε,
ἣν Ζεὺς ἔπεμψε δεῦρό σοι σῴζειν ἐμοί.
Οἶδ' οὕνεχ' ἡμῖν οὔποτ' ἀποδώσεις θανών·
ἀλλ' ἥδε πατέρα νέρθεν ἀνακαλούμενον
οὐκ ἀξιώσει τὸν πρὶν εὐκλεέστατον
κακῶς ἀκοῦσαι· κυρία γάρ ἐστι νῦν.
῏Ω νέρτερ' ῞Αιδη, καὶ σὲ σύμμαχον καλῶ,
ὃς πόλλ' ἐδέξω τῆσδ' ἕκατι σώματα
πεσόντα τὦμῷ φασγάνῳ, μισθὸν δ' ἔχεις·
ἢ νῦν ἐκείνους ἀπόδος ἐμψύχους πάλιν,
ἢ τήνδ' ἀνάγκασόν γ' ἔτ' εὐσεβοῦς πατρὸς
κρείσσω φανεῖσαν τἄμ' ἀποδοῦναι λέχη.

107. Sur les larmes dans l'épopée, voir H. MONSACRÉ, *Les Larmes d'Achille*, Paris, Albin Michel, 1984 ; non seulement Ménélas entend rester fidèle à sa gloire de Troie, mais il renchérit même sur les héros homériques.

108. Πεσών, qui marquerait un geste de supplication, est une correction : L porte πόθῳ, qui ne s'interprète que malaisément (« je le

prétend qu'il est d'un noble cœur de pleurer dans l'adversité. Mais cette beauté des larmes, si beauté il y a[107], je ne la mettrai pas, pour ma part, avant la force d'âme. Eh bien donc, s'il te plaît de sauver l'étranger que je suis, quand je cherche légitimement à recouvrer mon épouse, rends-la moi, et en plus, sauve-moi. Au contraire, si tu n'y consens point, ce n'est pas d'aujourd'hui que datent mes malheurs sans cesse renaissants, tandis que toi, désormais, tu apparaîtras comme une femme vile. Mais ce qui me parait juste et digne de moi, propre à toucher le mieux ton cœur, je le dirai, ô vierge, en embrassant le tombeau de ton père[108]. Ô vieillard, habitant ce sépulcre de pierre, rends-moi, je te la réclame, mon épouse, que Zeus t'envoya en ces lieux pour me la conserver. Mort, tu ne pourras point, je le sais, me la rendre. Mais ta fille, au moment où j'évoque son père du monde inférieur, ne tolérera point que celui qui eut par le passé le plus glorieux renom, soit diffamé : car à présent tout dépend d'elle[109]. Hadès, roi des Enfers, toi aussi je t'invoque : fais-toi mon allié, toi qui, pour cette femme, as reçu tant de corps moissonnés par mon glaive et qui as ainsi été largement payé[110]. Restitue à présent tous ces morts à la vie, ou force la prêtresse à dépasser encore en piété son père, à me rendre ma

dirai près de sa tombe en regrettant [l'absence de] ton père ») ; le participe proposé ferait antithèse avec le refus du vers 947 de tomber aux genoux de Théonoé (προσπεσεῖν) ; sa prière est une invocation au mort. L'hypothèse est séduisante, mais reste une hypothèse.

109. Κυρία est un terme juridique, parfaitement à sa place dans la revendication de justice et de restitution d'un dépôt que développent ici les époux.

110. Dans l'invocation à Hadès, le thème habituel qui consiste à rappeler au dieu qu'on prie les sacrifices qu'on lui a faits devient ici rappel macabre des morts de la guerre, ce qui permet de maintenir toujours en arrière-plan les souffrances de Troie.

Εἰ δ' ἐμὲ γυναῖκα τὴν ἐμὴν συλήσετε,
ἃ σοι παρέλιπεν ἥδε τῶν λόγων, φράσω.
Ὅρκοις κεκλήμεθ', ὡς μάθῃς, ὦ παρθένε,
πρῶτον μὲν ἐλθεῖν διὰ μάχης σῷ συγγόνῳ·
κἀκεῖνον ἢ 'μὲ δεῖ θανεῖν· ἁπλοῦς λόγος.
Ἢν δ' ἐς μὲν ἀλκὴν μὴ πόδ' ἀντιθῇ ποδί,
λιμῷ δὲ θηρᾷ τύμβον ἱκετεύοντε νώ,
κτανεῖν δέδοκται τήνδ' ἐμοὶ κἄπειτ' ἐμὸν
πρὸς ἧπαρ ὦσαι δίστομον ξίφος τόδε
τύμβου 'πὶ νώτοις τοῦδ' ἵν' αἵματος ῥοαὶ
τάφου καταστάζωσι· κεισόμεσθα δὲ
νεκρὼ δύ' ἑξῆς τῷδ' ἐπὶ ξεστῷ τάφῳ,
ἀθάνατον ἄλγος σοί, ψόγος δὲ σῷ πατρί.
Οὐ γὰρ γαμεῖ τήνδ' οὔτε σύγγονος σέθεν
οὔτ' ἄλλος οὐδείς· ἀλλ' ἐγώ σφ' ἀπάξομαι,
εἰ μὴ πρὸς οἴκους δυνάμεθ', ἀλλὰ πρὸς νεκρούς.
Τί ταῦτα; δακρύοις ἐς τὸ θῆλυ τρεπόμενος
ἐλεινὸς ἦν ἂν μᾶλλον ἢ δραστήριος.
Κτεῖν', εἰ δοκεῖ σοι· δυσκλεῶς γὰρ οὐ κτενεῖς.
Μᾶλλόν γε μέντοι τοῖς ἐμοῖς πείθου λόγοις,
ἵν' ᾖς δικαία καὶ δάμαρτ' ἐγὼ λάβω.

ΧΟ. Ἐν σοὶ βραβεύειν, ὦ νεᾶνι, τοὺς λόγους·
οὕτω δὲ κρῖνον, ὡς ἅπασιν ἁνδάνῃς.

ΘΕ. Ἐγὼ πέφυκά τ' εὐσεβεῖν καὶ βούλομαι,
φιλῶ τ' ἐμαυτήν, καὶ κλέος τοὐμοῦ πατρὸς
οὐκ ἂν μιάναιμ', οὐδὲ συγγόνῳ χάριν
δοίην ἂν ἐξ ἧς δυσκλεὴς φανήσομαι.
Ἔνεστι δ' ἱερὸν τῆς δίκης ἐμοὶ μέγα
ἐν τῇ φύσει· καὶ τοῦτο Νηρέως πάρα
ἔχουσα σῴζειν Μενέλεων πειράσομαι.
Ἥρα δ', ἐπείπερ βούλεταί σ' εὐεργετεῖν,
ἐς ταὐτὸν οἴσω ψῆφον· ἡ Κύπρις δέ μοι

femme… Mais si vous m'arrachez ma femme, je vais exposer ce que dans son discours, elle a omis de te dire. Sache-le, j'ai juré, ô vierge, d'abord d'engager le combat contre ton frère : lui ou moi doit périr, la chose est claire. Mais s'il le refuse, ce combat corps à corps, et cherche à nous forcer par la famine, nous, les deux suppliants, assis sur ce tombeau, j'ai résolu de la tuer, et puis d'enfoncer dans mon cœur ce glaive à deux tranchants, sur ce sépulcre même, afin que sa paroi de notre sang ruisselle – et l'on verra nos corps côte à côte étendus sur la pierre lisse de ce tombeau, éternelle souffrance pour toi, et déshonneur éternel pour ton père. Car ton frère jamais ne la prendra pour femme : c'est moi qui l'emmènerai, sinon dans nos foyers, du moins parmi les morts. Mais quoi ? En me laissant aller aux larmes, à la manière des femmes, je serais plus pitoyable sans doute, mais moins homme d'action. Tue-nous donc, si tu veux : tu ne nous tueras pas déshonorés !… Mais plutôt laisse-toi convaincre par mes paroles, pour être juste et pour que moi, je recouvre mon épouse.

LE CHŒUR. – À toi, vierge, d'arbitrer ce débat : tranche de manière à satisfaire chacun.

THÉONOÉ. – Ma nature et ma volonté vers la justice me portent : je sais ce que je me dois, et ne puis ternir la renommée de mon père, ni accorder à mon frère une grâce qui me déshonore aux yeux du monde. Je porte en moi, dans ma nature, un grand sanctuaire de Dikè; et parce que je tiens cela de Nérée, je m'efforcerai de sauver Ménélas. Je vais donc en faveur d'Héra, puisqu'aussi bien elle veut ton bonheur, déposer mon suffrage[111]; et puisse la déesse Cypris m'être propice,

111. « Vote » qui rappelle la décision d'Athéna dans les *Euménides* (735).

Ἵλεως μὲν εἴη, ξυμβέβηκε δ' οὐδαμοῦ·
πειράσομαι δὲ παρθένος μένειν ἀεί.
Ἃ δ' ἀμφὶ τύμβῳ τῷδ' ὀνειδίζεις πατρί,
ἡμῖν ὅδ' αὑτὸς μῦθος. Ἀδικοίημεν ἄν,
εἰ μὴ ἀποδώσω· καὶ γὰρ ἂν κεῖνος βλέπων
ἀπέδωκεν ἄν σοι τήνδ' ἔχειν, ταύτῃ δὲ σέ.
Καὶ γὰρ τίσις τῶνδ' ἐστὶ τοῖς τε νερτέροις
καὶ τοῖς ἄνωθεν πᾶσιν ἀνθρώποις· ὁ νοῦς
τῶν κατθανόντων ζῇ μὲν οὔ, γνώμην δ' ἔχει
ἀθάνατον εἰς ἀθάνατον αἰθέρ' ἐμπεσών.
Ὡς οὖν παραινῶ μὴ μακράν, σιγήσομαι
ἅ μου καθικετεύσατ', οὐδὲ μωρίᾳ
ξύμβουλος ἔσομαι τῇ κασιγνήτου ποτέ.
Εὐεργετῶ γὰρ κεῖνον οὐ δοκοῦσ' ὅμως,
ἐκ δυσσεβείας ὅσιον εἰ τίθημί νιν.
Αὐτοὶ μὲν οὖν τιν' ἔξοδόν γ' εὑρίσκετε,
ἐγὼ δ' ἀποστᾶσ' ἐκποδὼν σιγήσομαι.
Ἐκ τῶν θεῶν δ' ἄρχεσθε χἰκετεύετε
τὴν μέν σ' ἐᾶσαι πατρίδα νοστῆσαι Κύπριν,
Ἥρας δὲ τὴν ἔννοιαν ἐν ταὐτῷ μένειν
ἣν ἐς σὲ καὶ σὸν πόσιν ἔχει σωτηρίας.
Σὺ δ', ὦ θανών μοι πάτερ, ὅσον γ' ἐγὼ σθένω,
οὔποτε κεκλήσῃ δυσσεβὴς ἀντ' εὐσεβοῦς.

ΧΟ. Οὐδείς ποτ' εὐτύχησεν ἔκδικος γεγώς,
ἐν τῷ δικαίῳ δ' ἐλπίδες σωτηρίας.

112. De même qu'Athéna justifie son vote par son absence de relation avec le monde féminin, puisqu'elle n'a pas eu de mère (*Eum.*, 736-740), de même Théonoé n'a rien à voir avec Cypris – mais, n'étant pas déesse, elle s'efforce néanmoins d'éviter son courroux.

avec qui je n'ai point de commerce, voulant à jamais rester vierge[112]. Car l'objurgation que devant son tombeau tu faisais à mon père est bien selon mon cœur. Oui, je serais coupable en refusant de rendre ta femme ; car lui, vivant, aurait rendu, elle à toi et toi à elle. C'est vrai : il est des châtiments de ces fautes pour les mortels, en haut, comme en bas pour les morts. Si l'esprit des défunts est sevré de la vie, il garde un discernement immortel une fois entré dans l'immortel éther[113]. Mais je veux abréger ce discours : je tairai ce que tous deux vous m'avez suppliée de taire. Je n'assisterai jamais mon frère en sa folie : car je lui fais du bien quoique je ne le semble pas, si je le rends respectueux des dieux, au lieu d'impie. Cherchez donc tous les deux à fuir vers quelque issue. Pour moi je ne m'en mêlerai pas et garderai le silence. Commencez par les dieux ; suppliez-les d'abord : Cypris, de te laisser regagner ta patrie, Héra, de demeurer dans le même propos, qui tend à te sauver, toi et ton époux. Et toi, père défunt, dans toute la mesure de mes forces, jamais tu ne changeras pour celui d'impie ton renom d'homme pieux !

C'est ici ou après les deux vers de conclusion du Chœur, 1030-1031, que Théonoé et son cortège rentrent dans le palais.

LE CHŒUR. – Nul jamais n'est heureux qui brave la justice, mais l'espoir du salut sur le droit est fondé[114].

113. Sur cette esquisse de théorie eschatologique, voir l'introduction p. XXXVIII.

114. Le point d'orgue mis par le Chœur prolonge le thème de la justice dominant dans l'*agôn*.

ΕΛ. Μενέλαε, πρὸς μὲν παρθένου σεσώσμεθα·
τοὐνθένδε δὴ σὲ τοὺς λόγους φέροντα χρὴ
κοινὴν ξυνάπτειν μηχανὴν σωτηρίας.

ΜΕ. Ἄκουε δή νυν· χρόνιος εἶ κατὰ στέγας
καὶ συντέθραψαι προσπόλοισι βασιλέως.

ΕΛ. Τί τοῦτ' ἔλεξας; ἐσφέρεις γὰρ ἐλπίδας
ὡς δή τι δράσων χρηστὸν ἐς κοινόν γε νῷν.

ΜΕ. Πείσειας ἄν τιν' οἵτινες τετραζύγων
ὄχων ἀνάσσουσ', ὥστε νῷν δοῦναι δίφρους;

ΕΛ. Πείσαιμ' ⟨ἄν⟩· ἀλλὰ τίνα φυγὴν φευξούμεθα
πεδίων ἄπειροι βαρβάρου τ' ὄντες χθονός;

ΜΕ. Ἀδύνατον εἶπας. Φέρε, τί δ', εἰ κρυφθεὶς δόμοις
κτάνοιμ' ἄνακτα τῷδε διστόμῳ ξίφει;

ΕΛ. Οὐκ ἄν ⟨σ'⟩ ἀνάσχοιτ' οὐδὲ σιγήσειεν ἂν
μέλλοντ' ἀδελφὴ σύγγονον κατακτενεῖν.

ΜΕ. Ἀλλ' οὐδὲ μὴν ναῦς ἔστιν ᾗ σωθεῖμεν ἂν
φεύγοντες· ἣν γὰρ εἴχομεν θάλασσ' ἔχει.

ΕΛ. Ἄκουσον, ἤν τι καὶ γυνὴ λέξῃ σοφόν.
Βούλῃ λέγεσθαι, μὴ θανών, λόγῳ θανεῖν;

ΜΕ. Κακὸς μὲν ὄρνις· εἰ δὲ κερδανῶ, λέγειν
ἕτοιμός εἰμι μὴ θανὼν λόγῳ θανεῖν.

ΕΛ. Καὶ μὴν γυναικείοις ⟨σ'⟩ ἂν οἰκτισαίμεθα
κουραῖσι καὶ θρήνοισι πρὸς τὸν ἀνόσιον.

115. La délibération commence par les suggestions masculines, comme dans *IT* (1017-1027).

HÉLÈNE. – Ménélas, pour sa part cette vierge nous sauve. À présent, c'est à toi de suggérer comment nous organiserons en commun notre fuite[115].

MÉNÉLAS. – Écoute donc : depuis longtemps tu vis céans ; les serviteurs du roi te sont tous familiers.

HÉLÈNE. – Que dis-tu ? Tes propos me donnent l'espérance que tu vas faire chose utile à tous les deux.

MÉNÉLAS. – Pourrais-tu, à ceux qui conduisent les quadriges, persuader de nous donner un de leurs chars ?

HÉLÈNE. – Je le pourrais. Mais quoi ? Comment fuirions-nous donc, par la plaine inconnue et ce pays barbare ?

MÉNÉLAS. – C'est vrai, c'est impossible. Et si, m'étant caché céans, je tuais le roi de ce glaive affilé ?

HÉLÈNE. – La sœur pour le coup ne le pourrait souffrir et ne se tairait pas, si tu t'apprêtais à tuer son frère[116].

MÉNÉLAS. – Nous n'avons même plus de nef pour fuir et nous sauver ; car celle que nous avions, c'est la mer qui l'a.

HÉLÈNE. – Écoute un bon conseil, fût-ce un conseil de femme : consens-tu, sans être mort, à être dit mort en paroles ?

MÉNÉLAS. – Le présage est fâcheux[117], mais si j'y ai profit, je suis disposé à être mort en paroles, sans être mort vraiment.

HÉLÈNE. – Et, en plus, je pourrai me lamenter sur toi à la mode des femmes, avec thrènes, cheveux coupés, devant l'impie.

116. Dans *IT*, le refus de tuer Thoas opposé par Iphigénie a des raisons plus morales et moins pratiques (1021 : « Quel forfait ! Des étrangers, assassiner leur hôte [ξενοφονεῖν] »).

117. Oreste de même, chez Sophocle, après avoir demandé à son précepteur de le faire passer pour mort, éprouve le besoin de commenter : « Pourquoi, après tout, m'affligerais-je d'être mort en paroles, quand en fait je reste vivant et me conquiers un grand renom ? Il n'est pas de mot, je pense, capable de faire du mal, lorsqu'il assure un avantage. » (*Électre*, 59-61.)

ΜΕ. Σωτηρίας δὲ τοῦτ' ἔχει τί νῷν ἄκος;
Παλαιότης γὰρ τῷ λόγῳ γ' ἔνεστί τις.

ΕΛ. Ὡς δὴ θανόντα σ' ἐνάλιον κενῷ τάφῳ
θάψαι τύραννον τῆσδε γῆς αἰτήσομαι.

ΜΕ. Καὶ δὴ παρεῖκεν· εἶτα πῶς ἄνευ νεὼς
σωθησόμεσθα κενοταφοῦντ' ἐμὸν δέμας;

ΕΛ. Δοῦναι κελεύσω πορθμίδ', ᾗ καθήσομαι
κόσμον τάφῳ σῷ πελαγίους ἐς ἀγκάλας.

ΜΕ. Ὡς εὖ τόδ' εἶπας πλὴν ἕν· εἰ χέρσῳ ταφὰς
θεῖναι κελεύσει σ', οὐδὲν ἡ σκῆψις φέρει.

ΕΛ. Ἀλλ' οὐ νομίζειν φήσομεν καθ' Ἑλλάδα
χέρσῳ καλύπτειν τοὺς θανόντας ἐναλίους.

ΜΕ. Τοῦτ' αὖ κατορθοῖς· εἶτ' ἐγὼ συμπλεύσομαι
καὶ συγκαθήσω κόσμον ἐν ταὐτῷ σκάφει.

ΕΛ. Σὲ καὶ παρεῖναι δεῖ μάλιστα τούς τε σοὺς
πλωτῆρας οἵπερ ἔφυγον ἐκ ναυαγίας.

ΜΕ. Καὶ μὴν ἐάνπερ ναῦν ἐπ' ἀγκύρας λάβω,
ἀνὴρ παρ' ἄνδρα στήσεται ξιφηφόρος.

ΕΛ. Σὲ χρὴ βραβεύειν πάντα· πόμπιμοι μόνον
λαῖφει πνοαὶ γένοιντο χἴλεως δρόμος.

ΜΕ. Ἔσται· πόνους γὰρ δαίμονες παύσουσί μου.
Ἀτὰρ θανόντα τοῦ μ' ἐρεῖς πεπυσμένη;

118. Cette allusion aux relents d'ancienneté de sa proposition est difficile à préciser. La tirade d'Oreste citée à la note précédente se poursuit ainsi : « J'ai déjà vu bien des sages mourir en paroles – en vaines paroles – et sitôt de retour chez eux y être honorés plus qu'avant » (*Électre*, 62-64.) Les scholies proposent comme « sages » Pythagore et Ulysse, auxquels on peut ajouter Zalmoxis (HÉR., IV, 95)

MÉNÉLAS. – Comment ceci peut-il nous sauver l'un et l'autre ? Il y a des relents d'antiquité dans ce que tu proposes[118].

HÉLÈNE. – En te prétendant mort dans les flots, je demanderai au roi de t'ensevelir dans un cénotaphe.

MÉNÉLAS. – Admettons qu'il y ait consenti ; mais comment, après cela serons-nous sauvés en donnant un cénotaphe à mon corps ?

HÉLÈNE. – Je me ferai donner une embarcation, d'où jeter dans le sein de la mer les offrandes à ta tombe.

MÉNÉLAS. – Ton plan est bien conçu, sauf un point : s'il t'ordonne de m'inhumer en terre ferme, tout s'écroule.

HÉLÈNE. – Mais nous affirmerons que les coutumes grecques défendent d'enterrer ceux qui meurent en mer.

MÉNÉLAS. – À la bonne heure encor : sur quoi, j'embarquerai avec toi, et avec toi, je jetterai les offrandes, sur le même navire.

HÉLÈNE. – Il faut surtout que tu sois là, et aussi tes matelots qui ont réchappé du naufrage.

MÉNÉLAS. – Et si je puis atteindre au mouillage la nef, ils seront là, rangés flanc contre flanc[119], l'épée en main.

HÉLÈNE. – Tu dois veiller à tout : pourvu qu'un vent propice souffle dans notre voile, et nous mène à bon port.

MÉNÉLAS. – Il en sera ainsi : les dieux feront cesser mes peines. Mais par qui connaîtras-tu ma mort ?

ou Sisyphe. L'absence d'adéquation parfaite que relève Kannicht (Ulysse appartient bien au monde héroïque, mais ne s'est pas fait lui-même passer pour mort, tandis que Pythagore et Zalmoxis ne sont pas des héros épiques) n'est pas un argument décisif. Mais dans le contexte de réécriture du mythe, il serait tentant de penser à une allusion à Oreste et aux pièces d'Eschyle et Sophocle – dont l'*Électre* est à peu près sûrement antérieure. L'allusion est toutefois trop fugitive pour qu'on en puisse tirer de trop grandes conséquences sur le travail d'intertextualité ou brandir l'étendard du métathéâtre.

119. C'est la disposition hoplitique.

ΕΛ. Σοῦ· καὶ μόνος γε φάσκε διαφυγεῖν μόρον
'Ατρέως πλέων σὺν παιδὶ καὶ θανόνθ' ὁρᾶν.

ΜΕ. Καὶ μὴν τάδ' ἀμφίβληστρα σώματος ῥάκη
ξυμμαρτυρήσει ναυτικῶν ἐρειπίων.

ΕΛ. 'Ες καιρὸν ἦλθε, τότε δ' ἄκαιρ' ἀπώλλυτο·
τὸ δ' ἄθλιον κεῖν' εὐτυχὲς τάχ' ἂν πέσοι.

ΜΕ. Πότερα δ' ἐς οἴκους σοὶ συνεισελθεῖν με χρὴ
ἢ πρὸς τάφῳ τῷδ' ἥσυχοι καθώμεθα;

ΕΛ. Αὐτοῦ μέν'· ἢν γάρ καί τι πλημμελές σε δρᾷ,
τάφος σ' ὅδ' ἂν ῥύσαιτο φάσγανόν τε σόν.
'Εγὼ δ' ἐς οἴκους βᾶσα βοστρύχους τεμῶ
πέπλων τε λευκῶν μέλανας ἀνταλλάξομαι
παρῇδί τ' ὄνυχα φόνιον ἐμβαλῶ χροός.
Μέγας γὰρ ἁγών, καὶ βλέπω δύο ῥοπάς·
ἢ γὰρ θανεῖν δεῖ μ', ἢν ἁλῶ τεχνωμένη,
ἢ πατρίδα τ' ἐλθεῖν καὶ σὸν ἐκσῶσαι δέμας.
Ὦ πότνι' ἣ Δίοισιν ἐν λέκτροις πίτνεις
Ἥρα, δύ' οἰκτρὼ φῶτ' ἀνάψυξον πόνων,
αἰτούμεθ' ὀρθὰς ὠλένας πρὸς οὐρανὸν
ῥίπτονθ', ἵν' οἰκεῖς ἀστέρων ποικίλματα.
Σύ θ', ἣ 'πὶ τὠμῷ κάλλος ἐκτήσω γάμῳ,
κόρη Διώνης Κύπρι, μή μ' ἐξεργάσῃ.
Ἅλις δὲ λύμης ἥν μ' ἐλυμήνω πάρος
τοὔνομα παρασχοῦσ', οὐ τὸ σῶμ', ἐν βαρβάροις.
Θανεῖν δ' ἔασόν μ', εἰ κατακτεῖναι θέλεις,
ἐν γῇ πατρῴᾳ. Τί ποτ' ἄπληστος εἶ κακῶν,
ἔρωτας ἀπάτας δόλιά τ' ἐξευρήματα
ἀσκοῦσα φίλτρα θ' αἱματηρὰ δωμάτων;
Εἰ δ' ἦσθα μετρία, τἆλλα γ' ἡδίστη θεῶν
πέφυκας ἀνθρώποισιν· οὐκ ἄλλως λέγω.

HÉLÈNE. – Par toi. Tu dois dire que tu as seul réchappé alors que tu naviguais avec le fils d'Atrée et qu'il est mort sous tes yeux.

MÉNÉLAS. – Fort à propos d'ailleurs, les haillons qui m'affublent, d'eux-mêmes parleront, en témoins du naufrage.

HÉLÈNE. – Voilà qui est venu bien opportunément, si inopportunément que ce soit faite alors la destruction. Et il se peut que le malheur d'autrefois tourne heureusement.

MÉNÉLAS. – Dois-je t'accompagner maintenant au palais, où nous faut-il rester tranquille près du tombeau ?

HÉLÈNE. – Reste ici : si le roi veut te faire offense, ce tombeau pourra te protéger, et aussi ton épée. Mais moi, j'entre au palais pour y couper mes boucles et pour changer mes habits blancs en voiles noirs, et d'un ongle sanglant je marquerai ma joue. Car terrible est la lutte, et j'y vois deux issues : ou je meurs si je suis surprise à comploter, ou je regagne ma patrie en te sauvant. Divine Héra, toi qui reposes près de Zeus, allège de leurs peines deux mortels misérables. Nous te prions, levant au ciel nos mains tendues vers le rayonnement des astres, ton séjour. Et toi, toi qui conquis le prix de la beauté au prix de mon mariage, fille de Dioné, Cypris, ne me fais pas périr. C'est bien assez des tourments que tu m'as infligés jusqu'ici, livrant mon nom, sinon mon corps, à des barbares. Si tu veux me tuer vraiment, permets qu'au moins je meure sur le sol des aïeux. Pourquoi es-tu insatiable de maux, toi qui multiplies les pièges amoureux et les ruses perfides, les philtres qui de sang remplissent les demeures ? Si tu savais garder la mesure, pour le reste, tu es la plus douce des divinités au cœur des hommes[120], je l'affirme bien haut.

120. Même affirmation en *Médée*, 630-631 et *IA*, 554-557.

ΧΟ. Σὲ τὰν ἐναύλοις ὑπὸ δενδροκόμοις Str. 1.
μουσεῖα καὶ θάκους ἐνί-
ζουσαν ἀναβοάσω,
σὲ τὰν ἀοιδοτάταν ὄρνιθα μελῳδὸν
ἀηδόνα δακρυόεσσαν,
ἔλθ' ὦ διὰ ξουθᾶν
γενύων ἐλελιζομένα
θρήνοις ἐμοῖς ξυνέργ'
Ἑλένας μελέας πόνους
τὸν Ἰλιάδων τ' ἀει-
δούσᾳ δακρυόεντα πόνον
Ἀχαιῶν ὑπὸ λόγχαις·
ὅτ' ἔδραμε ῥόθια πεδία βαρβάρῳ πλάτᾳ
ὅτ' ἔμολεν ἔμολε, μέλεα Πριαμίδαις ἄγων
Λακεδαίμονος ἄπο λέχεα
σέθεν, ὦ Ἑλένα, Πάρις αἰνόγαμος
πομπαῖσιν Ἀφροδίτας.

Πολλοὶ δ' Ἀχαιῶν δορὶ καὶ πετρίναις Ant. 1.
ῥιπαῖσιν ἐκπνεύσαντες Ἅι-
δαν μέλεον ἔχουσιν,
ταλαινᾶν ἀλόχων κείραντες ἔθειραν·
ἄνυμφα μέλαθρα δὲ κεῖται·
πολλοὺς δὲ πυρσεύσας
φλογερὸν σέλας ἀμφιρύταν
Εὔβοιαν εἷλ' ἔχων

Hélène rentre dans le palais, laissant Ménélas seul en scène. Mais celui-ci se dissimule vers une des sorties, très probablement celle de gauche, puisque Théoclymène, rentrant de la chasse par la droite, ne l'aperçoit pas. En s'avançant vers le devant de la scène, c'est-à-dire vers le tombeau de Protée, il ne s'avise pas d'abord de la disparition d'Hélène.

LE CHŒUR[121]. – *Ô toi qui des forêts touffues fais ta demeure harmonieuse, je vais t'invoquer, toi qui chantes les plus beaux chants, oiseau mélodieux, rossignol à la voix qui pleure ! Viens donc, que ton bec fauve, lançant ses trilles, accompagne mes plaintes : je chante les peines de la malheureuse Hélène, et la peine des femmes d'Ilion, source de tant de larmes, subie sous la lance achéenne, depuis que sur sa nef barbare, courant sur la plaine écumeuse, il apporta, il apporta aux Priamides ton malheureux amour, Hélène, ramené de Lacédémone, depuis qu'il est venu, Pâris à la funeste union, escorté d'Aphrodite*[122].

Beaucoup, parmi les Achéens, expirant sous les coups de lance, expirant sous le jet des pierres, ont gagné le sinistre Hadès. Leur deuil a moissonné les chevelures de leurs épouses désolées. Et veuves et déchues sont les maisons là-bas. Et beaucoup d'autres ont péri, victimes du falot que, flambant météore, Nauplios a brandi, le nocher solitaire, le maître de l'Eubée que les vagues assiègent, les attirant sur les

121. Sur l'interprétation de ce premier *stasimon*, voir l'introduction p. XXII ; c'est à partir de son invocation initiale au rossignol que Séféris construit le beau poème cité en appendice.

122. La strophe se termine sur Aphrodite escortant Pâris, de même que l'antistrophe se terminera sur Héra : ce premier couple lyrique, qui rappelle les malheurs de la guerre, est ainsi dominé par la figure des deux déesses responsables, tandis que le second couple déplacera la responsabilité vers la folie humaine ; ou plutôt, les deux s'additionnent sans que l'un exonère l'autre.

μονόκωπος ἀνήρ, πέτραις
Καφηρίσιν ἐμβαλὼν
Αἰγαίαις τ' ἐνάλοις δόλιον
ἀκταῖς ἀστέρα λάμψας.
'Αλίμενα δ' ὄρεα Μάλεα χειμάτων πνοᾷ,
ὅτ' ἔσυτο πατρίδος ἀποπρό, βαρβάρου στολᾶς
γέρας, οὐ γέρας ἀλλ' ἔριν
Δαναῶν Μενέλας ἐπὶ ναυσὶν ἄγων
εἴδωλον' ἱερὸν Ἥρας.

Ὅ τι θεὸς ἢ μὴ θεὸς ἢ τὸ μέσον, Str. 2.
τίς φησ' ἐρευνήσας βροτῶν
μακρότατον πέρας εὑρεῖν
ὃς τὰ θεῶν ἐσορᾷ
δεῦρο καὶ αὖθις ἐκεῖσε
καὶ πάλιν ἀντιλόγοις
πηδῶντ' ἀνελπίστοις τύχαις;
Σὺ Διὸς ἔφυς, ὦ Ἑλένα, θυγάτηρ·
πτανὸς γὰρ ἐν κόλποις σε Λή-
δας ἐτέκνωσε πατήρ.
Κᾆτ' ἰαχήθης καθ' Ἑλλανίαν
προδότις ἄπιστος ἄδικος ἄθεος· οὐδ' ἔχω
τί τὸ σαφὲς ὅ τι ποτ' ἐν βροτοῖς·
τὸ τῶν θεῶν⟨δ'⟩ἔπος ἀλαθὲς ηὗρον.

123. Le père de Palamède, Nauplios, vengea l'injuste condamnation de son fils en allumant un grand feu sur les récifs, alors que le convoi grec était arrivé à la hauteur des Gyres, près du cap Capharée, au sud de l'Eubée. Pensant avoir atteint un port, les Grecs mirent le cap sur la lumière et leurs navires furent fracassés. Sophocle avait écrit au moins un Ναύπλιος. Deux titres nous sont transmis : Ναύπλιος

rocs Caphérées et sur le rivage égéen par la lueur d'une perfide étoile[123]*. Inabordable aussi fut le cap montueux, le promontoire du Malée battu des vents tempétueux, qui repoussa, bien loin de sa patrie, Ménélas*[124] *transportant sur ses nefs le prix de l'expédition barbare, qui n'était pas prix, mais objet de querelle pour les Danéens, le fantôme divin façonné par Héra.*

Ce qui est dieu, non-dieu, ou l'entre-deux[125]*, quel mortel prétendra le savoir à la fin de ses longues recherches, quand il voit ce qui relève des dieux bondir, ici, puis là, et à rebours encore en conjonctures qui défient et raison et attente ? Toi, Hélène, tu es née fille de Zeus, puisque ton père ailé t'a engendrée dans le sein de Léda. Et après cela, pourtant, la rumeur de la terre hellénique t'a proclamée infidèle et traîtresse, sans justice et sans dieu ! Ah ! Je ne trouve plus de certitude, du moins parmi les mortels... Je n'ai trouvé la vérité que dans la parole des dieux*[126].

Πυρκαεύς et Ναύπλιος καταπλέων, qui peuvent recouvrir la même pièce (voir fr. 425-438 Radt) ; Euripide avait lui-même écrit un *Palamède*, qui appartient à la trilogie troyenne de 415 *(Alexandre ; Palamède ; les Troyennes)*.

124. L porte νεφέλαν, la nuée ; la correction « Ménélas » a été proposée par Wilamowitz et appuie le jeu de *responsio* des strophes, Pâris et Aphrodite d'un côté, Ménélas et Héra de l'autre ; en tout état de cause, l'évocation de Nauplios montre qu'il s'agit ici, même sans que Ménélas soit nommé, des vaisseaux grecs, et que sont ainsi juxtaposés deux voyages meurtriers, celui de Pâris amenant à Troie la cause de la guerre, celui des Grecs ramenant leur prise.

125. La traduction s'efforce de garder la formulation très conceptuelle ; toutes les possibilités sont envisagées, mais de façon trop abstraite pour qu'il y ait lieu, je crois, de mettre derrière τὸ μέσον des théories démonologiques trop poussées.

126. Ce vers est très certainement corrompu – et mis entre croix par la plupart des éditeurs ; il n'est guère concevable que, après avoir consacré toute la strophe à montrer à quel point le divin est insaisissable, le Chœur conclue en disant sa parole (ἔπος) seule vraie. Parmi les solutions proposées, Zuntz écrit τὸ τῶν θεῶν ἀστάθμητον ηὗρον, et Kirchhoff, conservant ἔπος, ἀμφὶ θεῶν ἔπος ἀμαθὲς ηὗρον.

Ἄφρονες ὅσοι τὰς ἀρετὰς πολέμῳ Ant. 2.
λόγχαισί τ' ἀλκαίου δορὸς
κτᾶσθε, πόνους ἀμαθῶς θνα-
τῶν καταπαυόμενοι·
εἰ γὰρ ἅμιλλα κρινεῖ νιν
αἵματος, οὔποτ' ἔρις
λείψει κατ' ἀνθρώπων πόλεις·
ᾇ Πριαμίδαι γᾶς ἔλαχον θαλάμους,
ἐξὸν διορθῶσαι λόγοις
σὰν ἔριν, ὦ Ἑλένα.
Νῦν δ' οἳ μὲν Ἅιδᾳ μέλονται κάτω,
τείχεα δέ, φλογμὸς ὥστε Διός, ἐπέσυτο φλόξ,
ἐπὶ δὲ πάθεα πάθεσι φέρεις,
ἐπ' ἀθλίοις δὲ συμφοραῖσιν αἰλίνους.

ΘΕΟΚΛΥΜΕΝΟΣ

Ὦ χαῖρε, πατρὸς μνῆμ'· ἐπ' ἐξόδοισι γὰρ
ἔθαψα, Πρωτεῦ, σ' ἕνεκ' ἐμῆς προσρήσεως·
ἀεὶ δέ σ' ἐξιών τε κἀσιὼν δόμους
Θεοκλύμενος παῖς ὅδε προσεννέπει, πάτερ.
Ὑμεῖς μὲν οὖν κύνας τε καὶ θηρῶν βρόχους,
δμῶες, κομίζετ' ἐς δόμους τυραννικούς·
ἐγὼ δ' ἐμαυτὸν πόλλ' ἐλοιδόρησα δή·
οὐ γάρ τι θανάτῳ τοὺς κακοὺς κολάζομεν ;
Καὶ νῦν πέπυσμαι φανερὸν Ἑλλήνων τινὰ
ἐς γῆν ἀφῖχθαι καὶ λεληθέναι σκοπούς,
ἤτοι κατόπτην ἢ κλοπαῖς θηρώμενον
Ἑλένην· θανεῖται δ', ἤν γε δὴ ληφθῇ μόνον.

127. On passe, comme dans le discours du vieillard, de l'incertitude du divin à la conduite humaine ; mais, à l'exaltation du jugement,

Vous êtes insensés, vous qui cherchez la gloire dans les combats[127], *parmi les armes belliqueuses, croyant, dans votre ignorance, y trouver un remède aux peines des mortels. Car si c'est la lutte sanglante qui doit trancher, jamais la querelle ne quittera les cités humaines, elle qui a valu aux Priamides les souterrains séjours, alors qu'on aurait pu régler par des paroles ta querelle, ô Hélène*[128]. *Mais hélas, à présent les hommes sont là-bas sous la garde d'Hadès, et des flammes ardentes comme la foudre de Zeus se sont ruées sur les murailles. Les malheurs, les malheurs ont fondu, et la plainte funèbre a surgi des malheurs.*

THÉOCLYMÈNE. – Ô tombeau paternel, salut ! car à ma porte, je t'ai fait inhumer, Protée, pour t'adresser mon salut. Et chaque fois que je sors ou rentre au palais, moi, Théoclymène, ton fils, je t'invoque, ô mon père[129]. Vous, esclaves, ramenez les chiens, et rapportez au logis les filets de chasse. Quant à moi, je me suis adressé déjà mille reproches : je ne punis donc plus les malfaiteurs ? Car j'apprends aujourd'hui qu'un Hellène a paru dans ce pays, ayant trompé la vigilance de mes gardiens : vient-il pour nous espionner, ou pour ravir Hélène ? Il est sûr de mourir si je puis l'attraper…

se substitue la constatation désabusée des ravages de la guerre, qui était sans aucun doute d'actualité. L'emploi de la deuxième personne du pluriel, s'il ne suffit sans doute pas à transformer le *stasimon* tragique en parabase comique, est cependant très remarquable et peut englober le public athénien dans ces « fous de guerre ».

128. Λόγοις doit avoir ici pleine valeur, paroles de négociation, mais aussi paroles de raison ; une même exigence se trouve déjà dans les *Suppliantes*, 748-749 ; les ravages de l'*eris* et l'exaltation de la paix ont des accents hésiodiques (*Travaux*, 14 et 228) – à ceci près que, chez Hésiode, nul n'aime la discorde meurtrière, alors que, ici, les hommes font eux-mêmes leur malheur en la cultivant.

129. Sur cette présence des tombeaux en Égypte, voir HER., II, 129, 3, à propos du tombeau de la fille de Mykérinos, et l'article de GOOSSENS.

῎Εα·
ἀλλ᾽ ὡς ἔοικε, πάντα διαπεπραγμένα
ηὕρηκα· τύμβου γὰρ κενὰς λιποῦσ᾽ ἕδρας
ἡ Τυνδαρὶς παῖς ἐκπεπόρθμευται χθονός.
᾽Ωή, χαλᾶτε κλῇθρα· λύεθ᾽ ἱππικὰς
φάτνας, ὀπαδοί, κἀκκομίζεθ᾽ ἅρματα,
ὡς ἂν πόνου γ᾽ ἕκατι μὴ λάθῃ με γῆς
τῆσδ᾽ ἐκκομισθεῖσ᾽ ἄλοχος, ἧς ἐφίεμαι —
᾽Επίσχετ᾽· εἰσορῶ γὰρ οὓς διώκομεν
παρόντας ἐν δόμοισι κοὐ πεφευγότας.
Αὕτη, τί πέπλους μέλανας ἐξήψω χροὸς
λευκῶν ἀμείψασ᾽ ἔκ τε κρατὸς εὐγενοῦς
κόμας σίδηρον ἐμβαλοῦσ᾽ ἀπέθρισας
χλωροῖς τε τέγγεις δάκρυσι σὴν παρηίδα
κλαίουσα ; πότερον ἐννύχοις πεπεισμένη
στένεις ὀνείροις, ἢ φάτιν τιν᾽ οἴκοθεν
κλύουσα λύπῃ σὰς διέφθαρσαι φρένας ;

ΕΛ. ῏Ω δέσποτ᾽ — ἤδη γὰρ τόδ᾽ ὀνομάζω σ᾽ ἔπος —
ὄλωλα· φροῦδα τἀμὰ κοὐδέν εἰμ᾽ ἔτι.

ΘΕ. ᾽Εν τῷ δὲ κεῖσαι συμφορᾶς ; τίς ἡ τύχη ;

ΕΛ. Μενέλαος — οἴμοι, πῶς φράσω ; — τέθνηκέ μοι.

ΘΕ. Οὐδέν τι χαίρω σοῖς λόγοις, τὰ δ᾽ εὐτυχῶ.
Πῶς οἶσθα ; μῶν σοι Θεονόη λέγει τάδε ;

Le roi constate qu'Hélène n'est plus près du tombeau.

Hé quoi ?... Je trouve le coup fait, ce semble, en arrivant. Laissant sa place vide auprès de ce tombeau, la fille de Tyndare a disparu d'ici. Ohé ! Ouvrez la porte ! Allez donc, serviteurs, tirer des écuries les coursiers ; qu'à l'instant on amène les chars, pour que ce ne soit au moins pas sans peine qu'on fasse sortir de ce pays à mon insu celle que je désire pour épouse.

Hélène, sortant du palais, éplorée, en habits de deuil, se montre. Au fur et à mesure qu'elle approche, Théoclymène remarque les détails singuliers de sa nouvelle toilette. Sur ces entrefaites, à moins qu'il n'ait pris cette posture dès les vers 1085-1106, Ménélas est allé se blottir au pied du tombeau. Il s'est fait si petit que Théoclymène ne l'a pas d'abord aperçu.

Arrêtez ! car je vois ceux que je poursuivais, ici même, devant mon palais. Ils n'ont pas encore pris la fuite. Hé toi ! pourquoi ces noirs vêtements sur ton corps remplacent-ils tes voiles blancs, et pourquoi donc le fer a-t-il tranché ta noble chevelure ? Pourquoi ces pleurs à flots inondent-ils ta joue ? Est-ce un songe nocturne, auquel tu prêtes foi, qui te porte à gémir ainsi ? ou est-ce quelque oracle entendu dans la maison qui consume de chagrin ton esprit ?

HÉLÈNE. – Seigneur, car c'est ainsi qu'à présent je te nomme, je suis perdue, j'ai tout perdu.

THÉOCLYMÈNE. – Mais quel coup t'a frappée ? Dis-moi ce qui t'arrive.

HÉLÈNE. – Mon Ménélas – que dire, ô malheur ? – a péri.

THÉOCLYMÈNE. – Je ne veux point me réjouir de tes paroles. Pourtant, je suis heureux. Mais comment le sais-tu ? Est-ce Théonoé qui le dit ?

ΕΛ. Κείνη τε φησὶν ὅ τε παρὼν ὅτ' ὤλλυτο.
ΘΕ. Ἥκει γὰρ ὅστις καὶ τάδ' ἀγγέλλει σαφῆ;
ΕΛ. Ἥκει· μόλοι γὰρ οἷ σφ' ἐγὼ χρῄζω μολεῖν.
ΘΕ. Τίς ἐστι; Ποῦ 'στιν; Ἵνα σαφέστερον μάθω.
ΕΛ. Ὅδ' ὃς κάθηται τῷδ' ὑποπτήξας τάφῳ.
ΘΕ. Ἄπολλον, ὡς ἐσθῆτι δυσμόρφῳ πρέπει.
ΕΛ. Οἴμοι, δοκῶ μὲν κἀμὸν ὧδ' ἔχειν πόσιν.
ΘΕ. Ποδαπὸς δ' ὅδ' ἀνὴρ καὶ πόθεν κατέσχε γῆν;
ΕΛ. Ἕλλην, Ἀχαιῶν εἷς ἐμῷ σύμπλους πόσει.
ΘΕ. Θανάτῳ δὲ ποίῳ φησὶ Μενέλεων θανεῖν;
ΕΛ. Οἰκτρόταθ', ὑγροῖσιν ἐν κλυδωνίοις ἁλός.
ΘΕ. Ποῦ βαρβάροισι πελάγεσιν ναυσθλούμενον;
ΕΛ. Λιβύης ἀλιμένοις ἐκπεσόντα πρὸς πέτραις.
ΘΕ. Καὶ πῶς ὅδ' οὐκ ὄλωλε κοινωνῶν πλάτης;
ΕΛ. Ἐσθλῶν κακίους ἐνίοτ' εὐτυχέστεροι.
ΘΕ. Λιπὼν δὲ ναὸς ποῦ πάρεστιν ἔκβολα;
ΕΛ. Ὅπου κακῶς ὄλοιτο, Μενέλεως δὲ μή.
ΘΕ. Ὄλωλ' ἐκεῖνος. Ἦλθε δ' ἐν ποίῳ σκάφει;
ΕΛ. Ναῦταί σφ' ἀνείλοντ' ἐντυχόντες, ὥς λέγει.
ΘΕ. Ποῦ δὴ τὸ πεμφθὲν ἀντὶ σοῦ Τροίᾳ κακόν;

130. Premier de la série des vers ambigus d'Hélène : Théoclymène comprend « à sa perte » (pour avoir porté un si mauvais message), et elle pense « en Grèce, à son salut ».

HÉLÈNE. – Théonoé l'affirme, et aussi celui qui était là au moment de sa mort.

THÉOCLYMÈNE. – Quelqu'un est-il venu dont le message est sûr ?

HÉLÈNE. – Oui. Puisse-t-il aller où je désire qu'il aille[130].

THÉOCLYMÈNE. – Qui est-ce ? et d'où vient-il ? Je veux en savoir plus.

HÉLÈNE. – Cet homme, qui est assis, blotti au pied de ce tombeau.

THÉOCLYMÈNE. – Apollon ! quel est cet affreux vêtement ?

HÉLÈNE. – Mon pauvre époux, hélas, doit être ainsi vêtu.

THÉOCLYMÈNE. – De quelle race est donc cet homme, et d'où vient-il ?

HÉLÈNE. – Un Hellène : un des Achéens qui naviguaient avec mon époux.

THÉOCLYMÈNE. – De quelle mort périt Ménélas, selon lui ?

HÉLÈNE. – De la plus lamentable : au sein des flots marins.

THÉOCLYMÈNE. – En quel point de la mer barbare voguait-il ?

HÉLÈNE. – Jeté sur le récif sinistre de Libye…

THÉOCLYMÈNE. – Et comment celui-ci n'est-il pas mort, s'il était sur le même bateau ?

HÉLÈNE. – Le vulgaire est parfois plus heureux que les grands.

THÉOCLYMÈNE. – L'épave de sa nef, où donc l'a-t-il laissée ?

HÉLÈNE. – Où il eût dû périr, au lieu de Ménélas.

THÉOCLYMÈNE. – Mais Ménélas est mort ; et lui, quel bateau l'amena ?

HÉLÈNE. – Des marins l'ont trouvé et recueilli, dit-il.

THÉOCLYMÈNE. – Et où est le fléau que Troie a reçu à ta place ?

ΕΛ. Νεφέλης λέγεις ἄγαλμα; ἐς αἰθέρ' οἴχεται.
ΘΕ. Ὦ Πρίαμε καὶ γῆ Τρῳάς, ⟨ὡς⟩ ἔρρεις μάτην.
ΕΛ. Κἀγὼ μετέσχον Πριαμίδαις δυσπραξίας.
ΘΕ. Πόσιν δ' ἄθαπτον ἔλιπεν ἢ κρύπτει χθονί;
ΕΛ. Ἄθαπτον· οἲ 'γὼ τῶν ἐμῶν τλήμων κακῶν.
ΘΕ. Τῶνδ' οὕνεκ' ἔταμες βοστρύχους ξανθῆς κόμης;
ΕΛ. Φίλος γάρ ἐστιν, ὅς ποτ' ἐστίν, ἐνθάδ' ὤν.
ΘΕ. Ὀρθῶς μὲν ἥδε συμφορὰ δακρύεται;
ΕΛ. Ἐν εὐμαρεῖ γοῦν σὴν κασιγνήτην λαθεῖν;
ΘΕ. Οὐ δῆτα. Πῶς οὖν; τόνδ' ἔτ' οἰκήσεις τάφον;
ΕΛ. Τί κερτομεῖς με, τὸν θανόντα δ' οὐκ ἐᾷς;
ΘΕ. Πιστὴ γὰρ εἶ σὺ σῷ πόσει φεύγουσά με.
ΕΛ. Ἀλλ' οὐκέτ'· ἤδη δ' ἄρχε τῶν ἐμῶν γάμων.
ΘΕ. Χρόνια μὲν ἦλθεν, ἀλλ' ὅμως αἰνῶ τάδε.
ΕΛ. Οἶσθ' οὖν ὃ δρᾶσον; τῶν πάρος λαθώμεθα.
ΘΕ. Ἐπὶ τῷ; χάρις γὰρ ἀντὶ χάριτος ἐλθέτω.
ΕΛ. Σπονδὰς τέμωμεν καὶ διαλλάχθητί μοι.

131. Nouveau vers ambigu, mais dans un état désespéré ; le mot à mot donne : « il m'est cher celui qui m'est cher en étant ici [= sur terre] » ; il faudrait un passé quelque part. Kannicht indique, entre autres, la solution de Kirchhoff : φίλος γὰρ ἦν, ὅπου ποτ' ἐστίν, ἐνθάδ' ὤν = « C'est qu'il m'était cher lorsqu'il était sur terre, où qu'il puisse être [maintenant]. »

HÉLÈNE. – L'effigie de nuage ? Elle s'en est allée dans l'éther.

THÉOCLYMÈNE. – Ô Priam, terre troyenne, vous périssez pour rien !

HÉLÈNE. – Moi aussi j'eus ma part au malheur des Priamides.

THÉOCLYMÈNE. – A-t-il laissé ton mari sans sépulture ou la terre le recouvre-t-il ?

HÉLÈNE. – Il est sans sépulture. Malheur, ô quel malheur !

THÉOCLYMÈNE. – C'est pourquoi tu as fait tomber tes boucles blondes ?

HÉLÈNE. – C'est qu'il m'est toujours cher, où qu'il puisse être, hélas[131] !

THÉOCLYMÈNE. – Mais est-ce à bon escient que tu verses ces larmes ?

HÉLÈNE. – Eh ! quoi, on tromperait facilement ta sœur ?

THÉOCLYMÈNE. – Non certes. Mais continueras-tu d'habiter ce tombeau ?

HÉLÈNE. – À quoi bon me railler, et ne pas laisser le mort de côté ?

THÉOCLYMÈNE. – C'est que toi, tu restes fidèle à ton époux et continues à me fuir.

HÉLÈNE. – C'en est fini : commence les préparatifs de nos noces.

THÉOCLYMÈNE. – Elle a mis du temps à venir, mais je me félicite de cette décision[132].

HÉLÈNE. – Sais-tu ce qu'il faut faire ? Oublions le passé.

THÉOCLYMÈNE. – À quel prix ? Car une grâce doit en appeler une autre.

HÉLÈNE. – Faisons la paix enfin, et réconcilie-toi avec moi.

132. Ironiquement, cette joie du bonheur enfin arrivé s'exprime dans les mêmes termes que le bonheur des retrouvailles des époux (566, 625-626).

ΘΕ. Μεθίημι νεῖκος τὸ σόν, ἴτω δ' ὑπόπτερον.
ΕΛ. Πρός νύν σε γονάτων τῶνδ', ἐπείπερ εἶ φίλος —
ΘΕ. Τί χρῆμα θηρῶσ' ἱκέτις ὠρέχθης ἐμοῦ;
ΕΛ. Τὸν κατθανόντα πόσιν ἐμὸν θάψαι θέλω.
ΘΕ. Τί δ'; ἔστ' ἀπόντων τύμβος; ἢ θάψεις σκιάν;
ΕΛ. Ἕλλησίν ἐστι νόμος, ὃς ἂν πόντῳ θάνῃ —
ΘΕ. Τί δρᾶν; σοφοί τοι Πελοπίδαι τὰ τοιάδε.
ΕΛ. Κενοῖσι θάπτειν ἐν πέπλων ὑφάσμασιν.
ΘΕ. Κτέριζ'· ἀνίστη τύμβον οὗ χρῄζεις χθονός.
ΕΛ. Οὐχ ὧδε ναύτας ὀλομένους τυμβεύομεν.
ΘΕ. Πῶς δαί; λέλειμμαι τῶν ἐν Ἕλλησιν νόμων.
ΕΛ. Ἐς πόντον ὅσα χρὴ νέκυσιν ἐξορμίζομεν.
ΘΕ. Τί σοι παράσχω δῆτα τῷ τεθνηκότι;
ΕΛ. Ὅδ' οἶδ', ἐγὼ δ' ἄπειρος, εὐτυχοῦσα πρίν.
ΘΕ. Ὦ ξένε, λόγων μὲν κληδόν' ἤνεγκας φίλην.
ΜΕ. Οὔκουν ἐμαυτῷ γ' οὐδὲ τῷ τεθνηκότι.
ΘΕ. Πῶς τοὺς θανόντας θάπτετ' ἐν πόντῳ νεκρούς;
ΜΕ. Ὡς ἂν παρούσης οὐσίας ἕκαστος ᾖ.
ΘΕ. Πλούτου λέγ' οὕνεχ' ὅ τι θέλεις ταύτης χάριν.
ΜΕ. Προσφάζεται μὲν αἷμα πρῶτα νερτέροις.

THÉOCLYMÈNE. – Bien, j'oublie ma rancune : qu'elle parte à tire d'ailes.

HÉLÈNE. – Eh bien, par tes genoux que j'étreins, puisque tu es ami…

THÉOCLYMÈNE. – Que cherches-tu pour tendre ainsi les mains vers moi en suppliante ?

HÉLÈNE. – Je veux ensevelir mon époux décédé.

THÉOCLYMÈNE. – Comment ? les absents ont-ils une tombe ? ou vas-tu enterrer une ombre ?

HÉLÈNE. – Pour qui périt en mer, la loi hellénique est…

THÉOCLYMÈNE. – De faire quoi ? En ceci les Pélopides sont experts.

HÉLÈNE. – De l'enterrer dans les plis d'un linceul vide.

THÉOCLYMÈNE. – Accomplis le rite. Dresse où tu veux le tombeau.

HÉLÈNE. – Ce n'est pas là la sépulture que nous donnons aux marins morts en mer.

THÉOCLYMÈNE. – Alors quoi ? Je ne suis pas au fait des usages helléniques.

HÉLÈNE. – Nous transportons en mer tout ce qu'on offre au mort.

THÉOCLYMÈNE. – Que dois-je donc te fournir pour le défunt ?

HÉLÈNE. – Lui le sait, moi, mon bonheur antérieur ne m'en a pas donné l'expérience.

THÉOCLYMÈNE. – Étranger, ton message est un heureux message.

MÉNÉLAS. – Non point certes pour moi : pour le défunt non plus.

THÉOCLYMÈNE. – Comment honorez-vous ceux qui meurent en mer ?

MÉNÉLAS. – Selon l'état de la fortune de chacun.

THÉOCLYMÈNE. – Demande hardiment : rien de trop cher pour elle.

MÉNÉLAS. – On fait couler le sang, d'abord, pour ceux d'en bas.

ΘΕ. Τίνος; σύ μοι σήμαινε, πείσομαι δ' ἐγώ.
ΜΕ. Αὐτὸς σὺ γίγνωσκ'· ἀρκέσει γὰρ ἂν διδῷς.
ΘΕ. Ἐν βαρβάροις μὲν ἵππον ἢ ταῦρον νόμος.
ΜΕ. Διδούς γε μὲν δὴ δυσγενὲς μηδὲν δίδου.
ΘΕ. Οὐ τῶνδ' ἐν ἀγέλαις ὀλβίαις σπανίζομεν.
ΜΕ. Καὶ στρωτὰ φέρεται λέκτρα σώματος κενά.
ΘΕ. Ἔσται· τί δ' ἄλλο προσφέρειν νομίζεται;
ΜΕ. Χαλκήλαθ' ὅπλα· καὶ γὰρ ἦν φίλος δορί.
ΘΕ. Ἄξια τάδ' ἔσται Πελοπιδῶν ἃ δώσομεν.
ΜΕ. Καὶ τἄλλ' ὅσα χθὼν καλὰ φέρει βλαστήματα.
ΘΕ. Πῶς οὖν; ἐς οἶδμα τίνι τρόπῳ καθίετε;
ΜΕ. Ναῦν δεῖ παρεῖναι κἀρετμῶν ἐπιστάτας.
ΘΕ. Πόσον δ' ἀπείργει μῆκος ἐκ γαίας δόρυ;
ΜΕ. Ὥστ' ἐξορᾶσθαι ῥόθια χερσόθεν μόλις.
ΘΕ. Τί δή; τόδ' Ἑλλὰς νόμιμον ἐκ τίνος σέβει;
ΜΕ. Ὡς μὴ πάλιν γῇ λύματ' ἐκβάλῃ κλύδων.
ΘΕ. Φοίνισσα κώπη ταχύπορος γενήσεται.
ΜΕ. Καλῶς ἂν εἴη Μενέλεῴ τε πρὸς χάριν.
ΘΕ. Οὔκουν σὺ χωρὶς τῆσδε δρῶν ἀρκεῖς τάδε;
ΜΕ. Μητρὸς τόδ' ἔργον ἢ γυναικὸς ἢ τέκνων.

THÉOCLYMÈNE. – Quel sang ? Instruis-moi donc, et je t'obéirai.

MÉNÉLAS. – Décide toi-même : ce que tu donneras sera bien.

THÉOCLYMÈNE. – Chez les Barbares, l'usage réclame un cheval ou un taureau.

MÉNÉLAS. – Veille à ne nous donner qu'une bête de race.

THÉOCLYMÈNE. – Ce n'est pas ce qui manque à nos riches troupeaux.

MÉNÉLAS. – Et nous portons aussi une litière vide.

THÉOCLYMÈNE. – Tu l'auras. Quelle autre chose est-il en usage d'apporter ?

MÉNÉLAS. – Des armes d'airain, puisqu'il aimait la guerre.

THÉOCLYMÈNE. – J'en offrirai qui soient dignes des Pélopides.

MÉNÉLAS. – Et encore tout ce que la terre porte de beaux fruits.

THÉOCLYMÈNE. – Comment faites-vous ? De quelle manière les jetez-vous dans les flots ?

MÉNÉLAS. – Il y faut un navire, et des rameurs aussi.

THÉOCLYMÈNE. – Et de quelle longueur le bateau s'éloigne-t-il de la côte ?

MÉNÉLAS. – Jusqu'au point où se perd le sillage des rames.

THÉOCLYMÈNE. – Pourquoi ? Quel but a cet usage des Hellènes ?

MÉNÉLAS. – De peur que le reflux ne souille le rivage.

THÉOCLYMÈNE. – Vous aurez les plus prompts rameurs phéniciens.

MÉNÉLAS. – Ce serait bien, et propre à plaire à Ménélas.

THÉOCLYMÈNE. – Ne suffis-tu pas à la tâche sans elle ?

MÉNÉLAS. – Ce devoir incombe à la mère ou à la femme ou aux enfants…

ΘΕ. Ταύτης ὁ μόχθος, ὡς λέγεις, θάπτειν πόσιν.
ΜΕ. Ἐν εὐσεβεῖ γοῦν νόμιμα μὴ κλέπτειν νεκρῶν.
ΘΕ. Ἴτω· πρὸς ἡμῶν ἄλοχον εὐσεβῆ τρέφειν.
Ἐλθὼν δ' ἐς οἴκους ἐξελοῦ κόσμον νεκρῷ·
καὶ σ' οὐ κεναῖσι χερσὶ γῆς ἀποστελῶ,
δράσαντα τῇδε πρὸς χάριν· φήμας δ' ἐμοὶ
ἐσθλὰς ἐνεγκὼν ἀντὶ τῆς ἀχλαινίας
ἐσθῆτα λήψῃ σῖτά θ', ὥστε σ' ἐς πάτραν
ἐλθεῖν, ἐπεὶ νῦν γ' ἀθλίως ἔχονθ' ὁρῶ.
Σὺ δ', ὦ τάλαινα, μὴ 'πὶ τοῖς ἀνηνύτοις
τρύχου σεαυτήν. Μενέλεως δ' ἔχει πότμον,
κοὐκ ἂν δύναιτο ζῆν ὁ κατθανὼν πόσις.
ΜΕ. Σὸν ἔργον, ὦ νεᾶνι· τὸν παρόντα μὲν
στέργειν πόσιν χρή, τὸν δὲ μηκέτ' ὄντ' ἐᾶν·
ἄριστα γάρ σοι ταῦτα πρὸς τὸ τυγχάνον.
Ἢν δ' Ἑλλάδ' ἔλθω καὶ τύχω σωτηρίας,
παύσω ψόγου σε τοῦ πρίν, ἢν γυνὴ γένῃ
οἵαν γενέσθαι χρή σε σῷ ξυνευνέτῃ.
ΕΛ. Ἔσται τάδ'· οὐδὲ μέμψεται πόσις ποτὲ
ἡμῖν· σὺ δ' αὐτὸς ἐγγὺς ὢν εἴσῃ τάδε.
Ἀλλ', ὦ τάλας, εἴσελθε καὶ λουτρῶν τύχε
ἐσθῆτά τ' ἐξάλλαξον. Οὐκ ἐς ἀμβολὰς
εὐεργετήσω σ'· εὐμενέστερον γὰρ ἂν
τῷ φιλτάτῳ μοι Μενέλεῳ τὰ πρόσφορα
δρῴης ἄν, ἡμῶν τυγχάνων οἵων σε χρή.

THÉOCLYMÈNE. – J'entends : c'est son devoir d'honorer son époux.

MÉNÉLAS. – La piété exige de ne pas dérober aux morts les rites en usage.

THÉOCLYMÈNE. – Soit, car mon intérêt est d'avoir une épouse pieuse. Entre au palais, choisis l'offrande pour le mort. Et toi, je ne renverrai pas du pays les mains vides, quand tu auras tant fait pour elle. Et pour m'avoir ainsi porté l'heureux message, tu recevras un vêtement pour remplacer ces hardes et des provisions pour regagner ta patrie. Car je te vois dans un état bien misérable ! Et toi, infortunée, allons, ne te tourmente point d'un chagrin inutile. Après tout, Ménélas a subi son destin, et ton mari défunt ne peut aucunement revenir en ce monde.

MÉNÉLAS. – Ton devoir, jeune personne, est de chérir l'époux présent, en laissant celui qui n'est plus. C'est le meilleur parti dans ces circonstances. Si je revois la Grèce, et si ma vie est sauve, je mettrai fin au blâme qui t'accablait jusqu'ici, pour peu que tu sois la femme que tu dois être pour celui qui partage ta couche.

HÉLÈNE. – Il en sera ainsi, jamais je n'encourrai le blâme de mon époux : présent, tu t'en rendras bien compte[133]. Allons, infortuné, entre : va te baigner et changer tes habits. Je ne tarderai pas à te récompenser. Tu seras plus zélé à rendre tes devoirs à mon cher Ménélas, si tu obtiens de nous ce que tu dois.

Tous trois entrent dans le palais.

133. À nouveau, Hélène juxtapose son époux et « toi » alors qu'elle parle à Ménélas (même rapprochement, mais inconscient, dans la bouche de Théoclymène aux vers 1279-1280).

ΧΟ. Ὀρεία ποτὲ δρομάδι κώ- Str. 1
λῳ μάτηρ θεῶν ἐσύθη
ἀν' ὑλᾶντα νάπη
ποτάμιόν τε χεῦμ' ὑδάτων
βαρύβρομόν τε κῦμ' ἅλιον
πόθῳ τᾶς ἀποιχομένας
ἀρρήτου κούρας.
Κρόταλα δὲ βρόμια διαπρύσιον
ἱέντα κέλαδον ἀνεβόα,
θηρῶν ὅτε ζυγίους
ζευξάσᾳ θεᾷ σατίνας
τὰν ἁρπασθεῖσαν κυκλίων
χορῶν ἔξω παρθενίων
μέτα κούραν, ἀελλόποδες,
ἃ μὲν τόξοις Ἄρτεμις, ἃ δ'
ἔγχει Γοργῶπις πάνοπλος
⟨συνήραντο. Ζεὺς δὲ θρόνων⟩
αὐγάζων ἐξ οὐρανίων
ἄλλαν μοῖραν ἔκραινε.

Δρομαῖον δ' ὅτε πολυπλάνη- Ant. 1
τον μάτηρ ἔπαυσε πόνον,
ματεύουσ' ἀπόρους
θυγατρὸς ἁρπαγὰς δολίους,
χιονοθρέμμονάς γ' ἐπέρασ'
Ἰδαιᾶν Νυμφᾶν σκοπιάς·
ῥίπτει δ' ἐν πένθει
πέτρινα κατὰ δρία πολυνιφέα·
βροτοῖσι δ' ἄχλοα πεδία γᾶς
οὐ καρπίζουσ' ἀρότοις
λαῶν [δὲ] φθείρει γενεάν·

LE CHŒUR[134]. – *Jadis, courant par la montagne, la Mère des Dieux s'élança au fond des vallons forestiers, suivant le flot fuyant des fleuves, les vagues de la mer qui sourdement mugissent, folle d'avoir perdu sa fille, la vierge à l'ineffable nom. Et les bruyantes castagnettes lançaient la stridente clameur, lorsque, pour aider la Déesse, dont des fauves traînaient le char, à retrouver sa fille, enlevée au milieu des rondes virginales, le pied prompt comme la tempête, Artémis avec son arc et Gorgôpis*[135] *toute en armes avec sa lance* <*accoururent. Mais Zeus, qui de son trône*> *céleste les contemplait, fixa autrement les destinées...*

Et quand la Mère eut mis un terme aux peines d'une longue errance, poursuivant sans trouver d'issue le fourbe rapt de sa fille, elle avait atteint jusqu'aux neiges que nourrissent les hauts sommets, hantés des Nymphes de l'Ida. Et voici que, dans son deuil, elle se jette dans l'épaisseur neigeuse des fourrés. Lors, ne permettant plus aux champs, privés de verdure, de donner des fruits

134. Sur l'ensemble de ce deuxième *stasimon*, voir l'introduction p. XXII-XXIII.

135. Athéna.

ποίμναις δ' οὐχ ἵει θαλερὰς
βοσκὰς εὐφύλλων ἑλίκων·
πόλεων δ' ἀπέλειπε βίος·
οὐδ' ἦσαν θεῶν θυσίαι,
βωμοῖς δ' ἄφλεκτοι πέλανοι·
πηγὰς δ' ἀμπαύει δροσερὰς
λευκῶν ἐκβάλλειν ὑδάτων
πένθει παιδὸς ἀλάστῳ.

Ἐπεὶ δ' ἔπαυσ' εἰλαπίνας — Str. 2
θεοῖς βροτείῳ τε γένει,
Ζεὺς μειλίσσων στυγίους
Ματρὸς ὀργὰς ἐνέπει·
Βᾶτε, σεμναὶ Χάριτες,
ἴτε, τᾷ περὶ παρθένῳ
Δηοῖ θυμωσαμένᾳ
λύπαν ἐξαλλάξατ' ἀλαλᾷ,
Μοῦσαί θ' ὕμνοισι χορῶν.
Χαλκοῦ δ' αὐδὰν χθονίαν
τύπανά τ' ἔλαβε βυρσοτενῆ
καλλίστα τότε πρῶτα μακά-
ρων Κύπρις· γέλασέν τε θεὰ
δέξατό τ' ἐς χέρας
βαρύβρομον αὐλὸν
τερφθεῖσ' ἀλαλαγμῷ.

Ὧν οὐ θέμις ⟨σ'⟩ οὔθ' ὁσία — Ant. 2
ἐπειρῶ σοῖς ἐν θαλάμοις,
μῆνιν δ' ἔχεις μεγάλας
Ματρός, ὦ παῖ, θυσίας
οὐ σεβίζουσα θεᾶς.

aux hommes grâce au labour, elle laisse périr la race des mortels et ne fait plus, pour les troupeaux, fleurir les pâturages opulents, pousser l'herbe feuillue et frisée. La vie des cités s'arrêtait et il n'y avait plus de sacrifices aux dieux, plus d'offrandes brûlant sur l'autel. Les sources fraîches d'onde pure, elle les arrête aussi dans le deuil sans oubli de son enfant.

Mais quand elle eut fait cesser les banquets pour les dieux et pour la race humaine, Zeus, voulant apaiser le sombre courroux de la Mère, ainsi parla : « Allez, ô Charites augustes, chassez le chagrin de Déo, irritée du sort de sa fille, par vos clameurs, et vous, Muses, par les chants de vos chœurs. » Alors Cypris, la plus belle des Bienheureux, pour la première fois fit retentir l'airain à la voix infernale, saisit les tambourins tendus de cuir : et la Déesse se mit à rire, elle prit dans ses mains la flûte au son grave, charmée par les clameurs.

Tu as sans doute en la demeure osé des choses interdites par la loi, par la piété, et tu t'es attiré, ma fille, le courroux de la Grande Mère en n'observant pas les sacrifices de la Déesse. Et pourtant, redoutable est le

Μέγα τοι δύναται νεβρῶν
παμποίκιλοι στολίδες
κισσοῦ τε στεφθεῖσα χλόα
νάρθηκας εἰς ἱερούς,
ῥόμβου θ' εἱλισσομένα
κύκλιος ἔνοσις αἰθερία,
βακχεύουσά τ' ἔθειρα Βρομί-
ῳ καὶ παννυχίδες θεᾶς.
Εἶθε νυν ἁρμόσαι'
ὑπερβασίαν ᾇ
μορφᾷ μόνον ηὔχεις.

ΕΛ. Τὰ μὲν κατ' οἴκους εὐτυχοῦμεν, ὦ φίλαι·
ἡ γὰρ συνεκκλέπτουσα Πρωτέως κόρη
πόσιν παρόντα τὸν ἐμὸν ἱστορουμένη
οὐκ εἶπ' ἀδελφῷ· κατθανόντα δ' ἐν χθονὶ
οὔ φησιν αὐγὰς εἰσορᾶν ἐμὴν χάριν.

. . . .

Κάλλιστα δῆτ' ἀνήρπασ' ἐν τύχῃ πόσις·
ἃ γὰρ καθήσειν ὅπλ' ἔμελλεν εἰς ἅλα,
ταῦτ' ἐμβαλὼν πόρπακι γενναίαν χέρα
αὐτὸς κομίζει δόρυ τε δεξιᾷ λαβών,
ὡς τῷ θανόντι χάριτα δὴ συνεκπονῶν.
Προὔργου δ' ἐς ἀλκὴν σῶμ' ὅπλοις ἠσκήσατο,
ὡς βαρβάρων τρόπαια μυρίων χερὶ
θήσων, ὅταν κωπῆρες εἰσβῶμεν σκάφος,
πέπλους δ' ἀμείψασ' ἀντὶ ναυφθόρου στολῆς
ἐγώ νιν ἐξήσκησα, καὶ λουτροῖς χρόα
ἔδωκα, χρόνια νίπτρα ποταμίας δρόσου.

pouvoir des nébrides tigrées, du lierre verdoyant couronnant les narthex sacrés, du rhombe circulaire qui tournoie, secoué par les airs, de la chevelure bachique flottant pour Bromios, et des mystiques nuits, vouées à la Déesse. Puisses-tu refréner à présent cet orgueil qui te rendait si fière de ta seule beauté!

Hélène sort du palais avec Ménélas.

HÉLÈNE. – Mes amies, au palais le sort me fut propice. La fille de Protée, en effet, me seconde dans mes projets de fuite, et n'a pas décelé à son frère la présence de mon époux, quand il l'interrogeait : elle dit, pour servir mon dessein, que, caché sous la terre, il ne voit plus le jour.................... Et mon mari lui-même a tiré de sa chance un parti merveilleux[136]. Les armes qu'il devait précipiter en mer, il les porte lui-même, et sous son bras vaillant ayant passé le cuir du bouclier, il tient de sa droite la lance, affectant, par son geste, de rendre hommage au mort ; mais il s'est équipé fort opportunément pour le combat, tout prêt à déconfire les Barbares par milliers, lorsque nous nous serons embarqués tous les deux. C'est moi-même qui l'ai vêtu de neuf, qui l'ai débarrassé de ses hardes de naufragé. C'est moi qui l'ai baigné, qui ai fait sur son corps, enfin, couler à flots l'onde fraîche du fleuve[137].

136. La lacune supposée par Grégoire n'a rien de sûr ; en revanche, le vers 1374 est assurément corrompu et mis entre croix par la plupart des éditeurs, même si le sens général – tout s'est passé au mieux pour Ménélas – n'est pas douteux.

137. Ce bain qui fait réapparaître le héros en armes de l'*Iliade* peut évoquer plus d'un écho : scène d'armement de l'*Iliade*, bain donné au nouvel arrivant dans l'*Odyssée* (Télémaque ou Ulysse), bain aussi pris par le nouvel époux avant les noces, qui, selon les termes du vieillard, vont être ici renouvelées.

Ἀλλ', ἐκπερᾷ γὰρ δωμάτων ὁ τοὺς ἐμοὺς
γάμους ἑτοίμους ἐν χεροῖν ἔχειν δοκῶν,
σιγητέον μοι· καὶ σὲ προσποιούμεθα
εὔνουν κρατεῖν τε στόματος, ἢν δυνώμεθα
σωθέντες αὐτοὶ καὶ σὲ συνσῶσαί ποτε.

ΘΕ. Χωρεῖτ' ἐφεξῆς, ὡς ἔταξεν ὁ ξένος,
δμῶες, φέροντες ἐνάλια κτερίσματα.
Ἑλένη, σύ δ', ἤν σοι μὴ κακῶς δόξω λέγειν,
πείθου, μέν' αὐτοῦ· ταὐτὰ γὰρ παροῦσά τε
πράξεις τὸν ἄνδρα τὸν σὸν ἤν τε μὴ παρῇς.
Δέδοικα γάρ σε μή τις ἐμπεσὼν πόθος
πείσῃ μεθεῖναι σῶμ' ἐς οἶδμα πόντιον
τοῦ πρόσθεν ἀνδρὸς χάρισιν ἐκπεπληγμένην·
ἄγαν γὰρ αὐτὸν οὐ παρόνθ' ὅμως στένεις.

ΕΛ. Ὦ καινὸς ἡμῖν πόσις, ἀναγκαίως ἔχει
τὰ πρῶτα λέκτρα νυμφικάς θ' ὁμιλίας
τιμᾶν· ἐγὼ δὲ διὰ τὸ μὲν στέργειν πόσιν
καὶ ξυνθάνοιμ' ἄν· ἀλλὰ τίς κείνῳ χάρις
ξὺν κατθανόντι κατθανεῖν; Ἔα δέ με

Hélène se retourne et, se voyant suivie de Théoclymène, qui sort du palais avec des esclaves apportant une partie au moins des offrandes funéraires qu'il a promises, invite le Chœur à la discrétion.

Mais voici du palais venir celui qui croit mon hymen tout prêt entre ses mains : aussi dois-je me taire. Et toi, j'en appelle à ta bienveillance : maîtrise ta langue et peut-être pourrons-nous, une fois sauvés nous-mêmes, te sauver toi aussi quelque jour.

Théoclymène donne des ordres et des instructions à ses esclaves et à Ménélas, et dissuade Hélène de participer aux funérailles.

THÉOCLYMÈNE. – Avancez donc, dans l'ordre indiqué par l'étranger, esclaves, en portant les offrandes marines. Hélène, écoute-moi, si mon avis, du moins, te paraît bon : demeure ici, car tu rendras à ton mari, présente ou non, mêmes honneurs. Et la crainte me vient qu'un amoureux regret ne s'empare de toi et ne te pousse à te jeter au sein des flots marins, sous l'emprise des joies connues avec ton mari d'autrefois[138] : tu ne gémis déjà que trop sur lui, alors qu'il n'est point là.

HÉLÈNE. – Ô mon nouvel époux, ne suis-je pas forcée de respecter mon premier lit, et d'honorer celui qui le premier m'épousa, jeune et vierge ? Pour moi, l'amour de mon époux pourrait me pousser à mourir avec lui. Mais quel plaisir en aurait-il, un mort avec une morte ?

138. Le mot χάρις est ici ambigu, puisqu'il peut désigner aussi bien les honneurs rendus au mort que les plaisirs connus avec lui de son vivant (sur le sens érotique de χάρις, équivalent de l'expression un peu surannée « faveurs », cf. PLUTARQUE, *Amat.*, 751 D) ; or πόθος est aussi un terme du langage amoureux. Le même double sens se retrouve sans doute dans la bouche d'Hélène au vers 1402.

αὐτὴν μολοῦσαν ἐντάφια δοῦναι νεκρῷ.
Θεοὶ δὲ σοί τε δοῖεν οἷ' ἐγὼ θέλω,
καὶ τῷ ξένῳ τῷδ', ὅτι συνεκπονεῖ τάδε.
Ἕξεις δέ μ' οἵαν χρή σ' ἔχειν ἐν δώμασι
γυναῖκ', ἐπειδὴ Μενέλεων εὐεργετεῖς
κἄμ'· ἔρχεται γὰρ δή τιν' ἐς τύχην τάδε.
Ὅστις δὲ δώσει ναῦν ἐν ᾗ τάδ' ἄξομεν,
πρόσταξον, ὡς ἂν τὴν χάριν πλήρη λάβω.

ΘΕ. Χώρει σὺ καὶ ναῦν τοῖσδε πεντηκόντορον
Σιδωνίαν δὸς κἀρετμῶν ἐπιστάτας.

ΕΛ. Οὔκουν ὅδ' ἄρξει ναὸς ὃς κοσμεῖ τάφον;

ΘΕ. Μάλιστ'· ἀκούειν τοῦδε χρὴ ναύτας ἐμούς.

ΕΛ. Αὖθις κέλευσον, ἵνα σαφῶς μάθωσί σου.

ΘΕ. Αὖθις κελεύω καὶ τρίτον γ', εἴ σοι φίλον.

ΕΛ. Ὄναιο, κἀγὼ τῶν ἐμῶν βουλευμάτων.

ΘΕ. Μή νυν ἄγαν σὸν δάκρυσιν ἐκτήξῃς χρόα.

ΕΛ. Ἥδ' ἡμέρα σοι τὴν ἐμὴν δείξει χάριν.

ΘΕ. Τὰ τῶν θανόντων οὐδέν, ἀλλ' ἄλλως πόνος.

ΕΛ. Ἔστιν τι κἀκεῖ κἀνθάδ' ὧν ἐγὼ λέγω.

ΘΕ. Οὐδὲν κακίω Μενέλεώ μ' ἕξεις πόσιν.

ΕΛ. Οὐδὲν σὺ μεμπτός· τῆς τύχης με δεῖ μόνον.

139. Nouveau vers équivoque, les deux interlocuteurs n'ayant pas en vue le même aboutissement.

140. L'ambiguïté produit à nouveau un vers mis entre croix dans la dernière édition Diggle ; le premier problème est l'interprétation de τι et sa mise en relation, ou non, avec le οὐδέν du vers précédent ; si on le considère comme indépendant, on interprète : « il y a quelque chose, là-bas [dans la mer] comme ici [sur terre] de ceux dont je

Laisse-moi aller porter moi-même ces offrandes au mort. Puissent les dieux sur toi répandre tels bienfaits que je souhaite, et aussi sur cet étranger qui nous assiste en cette affaire. Et tu auras en moi, dans ta demeure, la femme qu'il te faut, puisque tu te montres le bienfaiteur de Ménélas et de moi-même : car tout cela mène à quelque résultat[139]. Mais demande à quelqu'un de nous donner la nef où nous embarquerons ces offrandes, ô roi, pour qu'il ne manque rien à la grâce que tu me fais.

THÉOCLYMÈNE. – Toi, va : donne à ceux-ci un bateau de Sidon et cinquante rameurs d'équipage à leurs bancs.

HÉLÈNE. – Et l'ordonnateur de la pompe aura le commandement ?

THÉOCLYMÈNE. – Bien sûr, mes matelots lui doivent obéir.

HÉLÈNE. – Répète donc cet ordre, afin qu'ils sachent bien…

THÉOCLYMÈNE. – Je le répéterai trois fois, si tu le veux.

HÉLÈNE. – Que Dieu t'aide, et qu'il m'aide en mes propres desseins.

THÉOCLYMÈNE. – Crains de flétrir ton teint en versant tant de larmes.

HÉLÈNE. – Ce même jour te fera voir ma gratitude.

THÉOCLYMÈNE. – Ce qui touche les morts compte pour rien, peine perdue.

HÉLÈNE. – Compte pourtant pour moi, là-bas comme en ce monde, le sort de qui je parle[140].

THÉOCLYMÈNE. – Tu n'auras pas en moi un époux qui le cède à Ménélas.

HÉLÈNE. – Il n'y a rien à te reprocher : je n'ai besoin que de la chance.

parle » ; mais la mise en relation est plus naturelle, et il est alors délicat de déterminer l'antécédent du relatif. Il faudrait supposer quelque chose comme [τὰ τούτων – répondant à τὰ τῶν θανόντων] ὧν (< οὓς) λέγω : « C'est pourtant quelque chose là-bas comme en ce monde, ce qui touche ceux dont je parle », ce qui est un peu rude.

ΘΕ. Ἐν σοὶ τόδ', ἣν σὴν εἰς ἔμ' εὔνοιαν διδῷς.
ΕΛ. Οὐ νῦν διδαξόμεσθα τοὺς φίλους φιλεῖν.
ΘΕ. Βούλει ξυνεργῶν αὐτὸς ἐκπέμψω στόλον ;
ΕΛ. Ἥκιστα· μὴ δούλευε σοῖς δούλοις, ἄναξ.
ΘΕ. Ἀλλ' εἶα· τοὺς μὲν Πελοπιδῶν ἐῶ νόμους·
καθαρὰ γὰρ ἡμῖν δώματ'· οὐ γὰρ ἐνθάδε
ψυχὴν ἀφῆκε Μενέλεως· ἴτω δέ τις
φράσων ὑπάρχοις τοῖς ἐμοῖς φέρειν γάμων
ἀγάλματ' οἴκους εἰς ἐμούς· πᾶσαν δὲ χρὴ
γαῖαν βοᾶσθαι μακαρίαις ὑμνῳδίαις
ὑμέναιον Ἑλένης κἀμόν, ὡς ζηλωτὸς ᾖ.
Σὺ δ', ὦ ξέν', ἐλθών, πελαγίους ἐς ἀγκάλας
τῷ τῆσδε πρίν ποτ' ὄντι δοὺς πόσει τάδε,
πάλιν πρὸς οἴκους σπεῦδ' ἐμὴν δάμαρτ' ἔχων,
ὡς τοὺς γάμους τοὺς τῆσδε συνδαίσας ἐμοὶ
στέλλῃ πρὸς οἴκους ἢ μένων εὐδαιμονῇς.
ΜΕ. Ὦ Ζεῦ, πατὴρ γὰρ καὶ σοφὸς κλῄζῃ θεός,
βλέψον πρὸς ἡμᾶς καὶ μετάστησον κακῶν.
Ἕλκουσι δ' ἡμῖν πρὸς λέπας τὰς συμφορὰς
σπουδῇ σύναψαι· κἂν ἄκρᾳ θίγῃς χερί,
ἥξομεν ἵν' ἐλθεῖν βουλόμεσθα τῆς τύχης.
Ἅλις δὲ μόχθων οὓς ἐμοχθοῦμεν πάρος.

THÉOCLYMÈNE. – Elle dépend de toi, si tu me donnes ton affection.

HÉLÈNE. – Tu ne m'apprendras pas aujourd'hui à chérir qui m'est cher.

THÉOCLYMÈNE. – Veux-tu que pour t'aider, je conduise moi-même le convoi ?

HÉLÈNE. – Ah ! ne va point servir tes esclaves, seigneur.

THÉOCLYMÈNE. – Soit. Que m'importe, à moi, la loi des Pélopides ? Car ma maison est pure, et ce n'est point ici que Ménélas a rendu l'âme. Allons, qu'on aille dire à mes lieutenants de porter dans mon palais les cadeaux de noces. Il faut que le pays tout entier clame en des hymnes célébrant notre bonheur notre hymen, à Hélène et à moi, afin qu'il soit envié de tous[141]. Et toi, étranger, va jeter dans le sein de la mer ces offrandes pour qui fut jadis son époux, et puis hâte-toi de revenir au palais avec mon épouse, pour jouir avec moi du festin de ses noces, puis, gagner ta patrie, ou rester et être heureux ici.

Théoclymène sort.

MÉNÉLAS. – Ô Zeus, puisqu'on te dit Père et dieu plein de sagesse, abaisse tes regards vers nous, délivre-nous de nos maux ; alors que nous hissons au haut de la pente notre poids de malheurs, avec ardeur, viens nous aider[142]. Ah ! touche-nous du doigt seulement, et nous arriverons à la situation que nous voulons atteindre. C'est bien assez de peines qui nous ont jusqu'ici, tous

141. S'esquissent ainsi deux cortèges : la procession des offrandes, véritables nouvelles « noces » d'Hélène et de Ménélas, et l'arrivée des cadeaux de la noce illusoire de Théoclymène.

142. Ces vers sont modelés sur la maxime de *Pers.*, 742 : ἀλλ' ὅταν σπεύδῃ τις αὐτός, χὠ θεὸς συνάπτεται, tandis que la « pente » de l'effort vient plutôt d'Hésiode.

Κέκλησθέ μοι, θεοί, πολλά, χρῆσθ' ὁμοῦ κλύειν
καὶ λύπρ'· ὀφείλω δ' οὐκ ἀεὶ πράσσειν κακῶς,
ὀρθῷ δὲ βῆναι ποδί· μίαν δέ μοι χάριν
δόντες τὸ λοιπὸν εὐτυχῆ με θήσετε.

ΧΟ. Φοίνισσα Σιδωνιὰς ὦ — Str. 1
ταχεῖα κώπα ῥοθίοισι μάτηρ
εἰρεσία φίλα,
χοραγὲ τῶν καλλιχόρων
δελφίνων, ὅταν αὔραις
πέλαγος εὐήνεμον ᾖ,
γλαυκὰ δὲ Πόντου θυγάτηρ
Γαλάνεια τάδ' εἴπῃ·
Κατὰ μὲν ἱστία πετάσατ' αὔ-
ραις λιπόντες εἰναλίαις,
λάβετε δ' ἐλατίνας πλάτας,
ὦ ναῦται, ναῦται,
πέμποντες εὐλιμένους
Περσείων οἴκων Ἑλέναν ἐπ' ἀκτάς.

Ἦ που κόρας ἂν ποταμοῦ — Ant. 1
παρ' οἶδμα Λευκιππίδας ἢ πρὸ ναοῦ

les deux, accablés. Bien des fois déjà je vous ai invoqués, ô Dieux, vous faisant entendre et du bien et du mal[143]. Je ne dois pas connaître éternellement le malheur, ma course doit se redresser. Accordez-moi une grâce, et vous assurerez désormais mon bonheur.

Ménélas et Hélène sortent.

LE CHŒUR. – *Nef de Sidon la Phénicienne, nef aux rapides avirons, toi dont les rames font naître autour de toi les remous sonores, chorège des dauphins dont les beaux chœurs se jouent quand le calme des vents laisse régner la brise sur la mer apaisée, et que Galanée*[144] *aux yeux pers, la fille de Pontos, lance ces ordres : « Déployez la voilure, et laissez-y souffler les brises de la mer, prenez aussi les rames de sapin, matelots, ô matelots, tandis que vous escortez Hélène vers le beau port du rivage marin où sont les palais perséides... »*

Tu vas trouver peut-être les vierges Leucippides[145] *auprès des eaux du fleuve ou bien devant le temple de*

143. Deux interprétations sont possibles pour « entendre du bien et du mal » : « entendre mes succès et mes échecs » ou « m'entendre vous louer ou vous maudire » ; dans les deux cas, on retrouve les alternances de la vie humaine et ses vicissitudes.

144. Sous une forme dialectale un peu différente, Γαλήνη – et non Γαλάνεια (mais Hésiode n'écrit pas de la lyrique chorale), personnification de la bonace, figure dans le catalogue des Néréides de la *Théogonie* (244) – il est à noter qu'Hésiode lui coordonne une autre Néréide, Γλαύκη, qui retrouve ici son statut d'adjectif pour qualifier Galanée.

145. Les Leucippides, Hilaira et Phœbé, étaient l'objet d'un culte à Sparte, où elles semblent originellement avoir été honorées comme les deux pouliches blanches (λευκὰ ἵππω), contrepartie féminine des deux chevaux blancs (λευκὼ ἵππω) identifiés aux Dioscures. La mythologie en fait les cousines des Dioscures, qu'ils auraient épousées en les ravissant à Idas et Lyncée.

Παλλάδος ἂν λάβοις
χρόνῳ ξυνελθοῦσα χοροῖς
ἢ κώμοις Ὑακίνθου
νύχιον εἰς εὐφροσύναν,
ὃν ἐξαμιλλησάμενος
τροχῷ ἀτέρμονι δίσκου
ἔκανε Φοῖβος, ὅθεν Λακαί-
νᾳ γᾷ βούθυτον ἁμέραν
ὁ Διὸς[δ᾽]εἶπε σέβειν γόνος·
μόσχον θ᾽, ἂν οἴκοις
⟨ἔλειπες, Ἑρμιόναν,⟩
ἇς οὔπω πεῦκαι πρὸ γάμων ἔλαμψαν.

Δι᾽ ἀέρος εἴθε ποτανοὶ Str. 2
γενοίμεσθ᾽ ᾇ Λιβύας
οἰωνοὶ στοχάδες
ὄμβρον λιποῦσαι χειμέριον
νίσσονται πρεσβυτάτᾳ
σύριγγι πειθόμεναι
ποιμένος, ὃς ἄβροχα πεδία καρποφόρα τε γᾶς
ἐπιπετόμενος ἰαχεῖ.
Ὦ πταναὶ δολιχαύχενες,
σύννομοι νεφέων δρόμου,
βᾶτε Πλειάδας ὑπὸ μέσας
Ὠρίωνά τ᾽ ἐννύχιον·
καρύξατ᾽ ἀγγελίαν,
Εὐρώταν ἐφεζόμεναι,
Μενέλεως ὅτι Δαρδάνου
πόλιν ἑλὼν δόμον ἥξει.

Pallas, lorsque tu rejoindras, après ta longue absence, les Chœurs, le festival d'Hyakinthos[146]*, arrivant juste à point pour le festin nocturne du héros que Phoibos, en lançant son palet avec toute sa force, tua d'un coup du disque tournoyant, en un jour qui fut désormais consacré, en terre laconienne, selon l'ordre du fils de Zeus, par des sacrifices de boeufs. Il y aura aussi la vierge, qu'au foyer <tu laissais, Hermione>, dont les torches nuptiales n'ont point encor brillé.*

Si nous pouvions seulement nous envoler dans l'air ainsi que les oiseaux de Libye qui, par troupes, fuyant les pluies d'hiver, s'en vont, dociles au sifflet du plus vieux, du berger qui les conduit avec des cris stridents, en planant par-dessus les arides déserts et par-dessus les champs fertiles.

Ô vous, oiseaux au long col, prompts rivaux des nuages, envolez-vous sous les Pléiades au zénith et vers le nocturne Orion, proclamez la nouvelle, en vous posant au bord de l'Eurotas, que Ménélas a pris la ville de Dardanos, et qu'il va rentrer en son foyer[147].

146. Le temple de Pallas est celui-là même où Hélène devait se rendre quand elle fut enlevée (245) ; les Hiacynthies étaient célébrées à Amyclées au mois d'*Hecatombaion* (juin) ; sur ce culte d'Hyacinthos et ses origines, voir C. Calame, *Les Chœurs de jeunes filles en Grèce archaïque*, Rome, 1977, t. I, 309-317.

147. La comparaison des grues s'inspire de l'*Iliade*, III, 3 sq.

Μόλοιτέ ποθ' ἵππιον οἶμον Ant. 2
δι' αἰθέρος ἱέμενοι
παῖδες Τυνδαρίδαι,
λαμπρῶν ἄστρων ὑπ' ἀέλλαισιν·
οἳ ναίετ' οὐράνιοι,
σωτῆρε τᾶς Ἑλένας,
γλαυκὸν ἔπιτ' οἶδμα κυανόχροά τε κυμάτων
ῥόθια πολιὰ θαλάσσας,
ναύταις εὐαεῖς ἀνέμων
πέμποντες Διόθεν πνοάς·
δύσκλειαν δ' ἀπὸ συγγόνου
βάλετε βαρβάρων λεχέων,
ἃν Ἰδαίων ἐρίδων
ποιναθεῖσ' ἐκτήσατο, γᾶν
οὐκ ἐλθοῦσά ⟨ποτ'⟩ Ἰλίου
Φοιβείους ἐπὶ πύργους.

ΑΓ. Ἄναξ, κάκιστά σ' ἐν δόμοις εὑρήκαμεν·
ὡς καίν' ἀκούσῃ πήματ' ἐξ ἐμοῦ τάχα.
ΘΕ. Τί δ' ἔστιν; ΑΓ. Ἄλλης ἐκπόνει μνηστεύματα
γυναικός· Ἑλένη γὰρ βέβηκ' ἔξω χθονός.
ΘΕ. Πτεροῖσιν ἀρθεῖσ' ἢ πεδοστιβεῖ ποδί;
ΑΓ. Μενέλαος αὐτὴν ἐκπεπόρθμευται χθονός,
ὃς αὐτὸς αὑτὸν ἦλθεν ἀγγέλλων θανεῖν.
ΘΕ. Ὢ δεινὰ λέξας· τίς δέ νιν ναυκληρία
ἐκ τῆσδ' ἀπῆρε χθονός; Ἄπιστα γὰρ λέγεις.
ΑΓ. Ἥν γε ξένῳ δίδως σύ· τούς τε σοὺς ἔχων
ναύτας βέβηκεν, ὡς ἂν ἐν βραχεῖ μάθῃς.

Ah ! puissiez-vous venir, ô fils de Tyndare, dirigeant par l'éther les pas de vos coursiers, parmi les feux tournoyants des étoiles ; vous qui demeurez aux cieux, descendez, vous, sauveurs d'Hélène, vers l'abîme marin, vers les flots bleus, vers les blancs remous de la mer, apportant de Zeus aux marins les souffles de vents favorables. Lavez votre sœur de la honte, de la honte d'un lit barbare – de l'opprobre que lui valut la querelle du mont Ida, alors qu'elle n'est jamais allée sur la terre d'Ilion ni aux remparts de Phoibos[148].

Le messager se présente à la porte du palais et appelle à haute voix le roi, qui sort aussitôt.

LE MESSAGER. – Prince, c'est par malheur qu'on te trouve au logis[149]. Car tu vas sous peu entendre de ma bouche des malheurs inouïs.

THÉOCLYMÈNE. – Que dis-tu ?

LE MESSAGER. – Va chercher la main d'une autre femme. Hélène est sortie du pays.

THÉOCLYMÈNE. – À tire-d'aile ? Ou en foulant la terre ferme ?

LE MESSAGER. – C'est Ménélas qui l'a tirée de ce pays, lui qui vint en personne annoncer son décès.

THÉOCLYMÈNE. – La terrible nouvelle ! Et quel navire l'a emmenée de ce pays ? Ce que tu dis est incroyable !

LE MESSAGER. – Quel navire ? Celui que tu as donné toi-même à l'étranger ! En un mot, il a fui avec ton équipage.

148. Dernière apparition du thème de Stésichore ; de même que la strophe se terminait sur l'annonce du retour glorieux du vainqueur de Troie, l'antistrophe réhabilite Hélène et réalise la promesse d'Hermès (58-59).

149. Vers considéré généralement comme une interpolation d'acteur.

ΘΕ. Πῶς; Εἰδέναι πρόθυμος· οὐ γὰρ ἐλπίδων
ἔσω βέβηκα μίαν ὑπερδραμεῖν χέρα
τοσούσδε ναύτας, ὧν ἀπεστάλης μέτα.

ΑΓ. Ἐπεὶ λιποῦσα τούσδε βασιλείους δόμους
ἡ τοῦ Διὸς παῖς πρὸς θάλασσαν ἐστάλη,
σοφώταθ' ἁβρὸν πόδα τιθεῖσ' ἀνέστενε
πόσιν πέλας παρόντα κοὐ τεθνηκότα.
Ὡς δ' ἤλθομεν σῶν περίβολον νεωρίων,
Σιδωνίαν ναῦν πρωτόπλουν καθείλκομεν
ζυγῶν τε πεντήκοντα κἀρετμῶν μέτρα
ἔχουσαν. Ἔργου δ' ἔργον ἐξημείβετο·
ὁ μὲν γὰρ ἱστόν, ὁ δὲ πλάτην καθίστατο,
ταρσός τ' ἐχώρει, λευκά θ' ἱστί' εἰς ἓν ἦν,
πηδάλιά τε ζεύγλαισι παρακαθίετο.
Κἀν τῷδε μόχθου, τοῦτ' ἄρα σκοπούμενοι,
Ἕλληνες ἄνδρες Μενέλεῳ ξυνέμποροι
προσῆλθον ἀκταῖς ναυφθόροις ἠσθημένοι,
πέπλοισιν, εὐειδεῖς μέν, αὐχμηροὶ δ' ὁρᾶν.
Ἰδὼν δέ νιν παρόντας Ἀτρέως γόνος
προσεῖπε δόλιον οἶκτον ἐς μέσον φέρων·
Ὦ τλήμονες, πῶς ἐκ τίνος νεώς ποτε
Ἀχαιίδος θραύσαντες ἥκετε σκάφος;
Ἆρ' Ἀτρέως παῖδ' ὀλόμενον συνθάπτετε,
ὃν Τυνδαρὶς παῖς ἥδ' ἀπόντα κενοταφεῖ;
Οἳ δ' ἐκβαλόντες δάκρυα ποιητῷ τρόπῳ,
ἐς ναῦν ἐχώρουν Μενέλεῳ ποντίσματα
φέροντες· ἡμῖν δ' ἦν μὲν ἥδ' ὑποψία
λόγος τ' ἐν ἀλλήλοισι, τῶν ἐπεσβατῶν
ὡς πλῆθος εἴη· διεσιωπῶμεν δ' ὅμως
τοὺς σοὺς λόγους σῴζοντες· ἄρχειν γὰρ νεὼς
ξένον κελεύσας πάντα συνέχεας τάδε.

THÉOCLYMÈNE. – Comment ? Je veux savoir, car je ne puis pas croire que le bras d'un seul homme ait dompté la valeur de tous les marins avec qui tu étais parti.

LE MESSAGER. – Quand la fille de Zeus eut quitté ces demeures royales, on la vit s'avançant vers la mer, marchant avec langueur, gémissant, la rouée, sur l'époux qui était là à ses côtés et non point du tout mort. Arrivés tout droit au chantier de ta flotte, nous tirâmes un bâtiment de Sidon dont c'était la première course, nef à cinquante bancs et cinquante rameurs. Un travail suivait l'autre : l'un dressait le mât, l'autre plaçait les avirons, et les rangées de rames allaient se remplissant. On assemblait les blanches voiles[150] et l'on faisait descendre les planches du gouvernail par leurs courroies… Or, comme nous étions en plein travail, des Grecs, les compagnons de Ménélas, guettant l'instant, survinrent sur la plage, accoutrés de guenilles comme des naufragés – tous gens d'aspect solide, si sordide que fût leur mine. En les voyant, le fils d'Atrée, affichant une trompeuse compassion, s'écria : « Malheureux Achéens, comment, à quel naufrage avez-vous échappé ? Voulez-vous nous aider à enterrer le fils d'Atrée, qui a péri, et à qui la fille de Tyndare que voici, rend en son absence les honneurs d'un cénotaphe ? » Eux, répandant des pleurs qui n'étaient qu'une feinte, gagnèrent le navire, apportant leurs offrandes à Ménélas. Ceci nous paraissait suspect. Nous disions entre nous qu'ils étaient bien nombreux, ces passagers inattendus. Mais nous gardions malgré tout le silence, observant tes ordres. Car en donnant le commandement à l'étranger, tu es à l'origine de toute

150. Le détail de la manœuvre n'est pas clair et l'expression εἰς ἓν εἶναι – là où on attend un verbe de mouvement – incorrecte ; la traduction est conjecturale.

Καὶ τἄλλα μὲν δὴ ῥᾳδίως ἔσω νεὼς
ἐθέμεθα κουφίζοντα· ταύρειος δὲ ποὺς
οὐκ ἤθελ' ὀρθὸς σανίδα προσβῆναι κάτα,
ἀλλ' ἐξεβρυχᾶτ' ὄμμ' ἀναστρέφων κύκλῳ,
κυρτῶν τε νῶτα κἀς κέρας παρεμβλέπων
μὴ θιγγάνειν ἀπεῖργεν. Ὁ δ' Ἑλένης πόσις
ἐκάλεσεν· Ὦ πέρσαντες Ἰλίου πόλιν,
οὐκ εἶ' ἀναρπάσαντες Ἑλλήνων νόμῳ
νεανίαις ὤμοισι ταύρειον δέμας
ἐς πρῷραν ἐμβαλεῖτε — φάσγανόν θ' ἅμα
πρόχειρον ὠθεῖ — σφάγια τῷ τεθνηκότι;
Οἳ δ' ἐς κέλευσμ' ἐλθόντες ἐξανήρπασαν
ταῦρον φέροντές τ' εἰσέθεντο σέλματα.
Μονάμπυκος δὲ Μενέλεως ψήχων δέρην
μέτωπά τ' ἐξέπεισεν ἐσβῆναι δόρυ.
Τέλος δ', ἐπειδὴ ναῦς τὰ πάντ' ἐδέξατο,
πλήσασα κλιμακτῆρας εὐσφύρου ποδὸς
Ἑλένη καθέζετ' ἐν μέσοις ἑδωλίοις,
ὅ τ' οὐκέτ' ὢν λόγοισι Μενέλεως πέλας·
ἄλλοι δὲ τοίχους δεξιοὺς λαιούς τ' ἴσοι
ἀνὴρ παρ' ἄνδρ' ἕζονθ', ὑφ' εἵμασι ξίφη
λαθραῖ' ἔχοντες, ῥόθιά τ' ἐξεπίμπλατο
βοῆς, κελευστοῦ φθέγμαθ' ὡς ἠκούσαμεν.
Ἐπεὶ δὲ γαίας ἦμεν οὔτ' ἄγαν πρόσω
οὔτ' ἐγγύς, οὕτως ἤρετ' οἰάκων φύλαξ·

151. Usage grec bien attesté dans les inscriptions et encore décrit par Pausanias pour la fête des Cynaithia arcadiennes (VIII, 19, 2). Ce porter du taureau était pratiqué en particulier par les éphèbes à Éleusis – ce qui doit expliquer la mention des « jeunes épaules » pour les hommes de Ménélas, qui ne doivent plus l'être vraiment.

cette confusion. On embarqua facilement la cargaison, faite d'objets légers. Devant la passerelle, le taureau seul refusa d'avancer, meuglant, roulant un œil farouche, arquant le dos, la corne en arrêt, menaçant d'un oblique regard qui voulait l'approcher. Alors l'époux d'Hélène s'écria : « Ohé ! vous, les vainqueurs d'Ilion, allez-y ! Enlevez, selon l'usage grec, ce taureau-là sur vos jeunes épaules[151], jetez-le sur la proue (et, en disant ces mots, il tirait son épée)[152] – où nous l'immolerons en l'honneur du défunt ». À son commandement, les hommes accourus enlevèrent le taureau et le portèrent sur le pont du navire. Quant au cheval[153], rien qu'en lui caressant la nuque et le front, Ménélas le fit monter à bord. Enfin, lorsque la nef eut bien tout embarqué, Hélène, de son pied à la fine cheville, monta l'échelle et s'installa sur le tillac, Ménélas, le prétendu mort, à ses côtés. Leurs compagnons, en groupe, égaux tant à babord qu'à tribord, s'installèrent côte à côte[154], dissimulant sous leurs vêtements des épées, et le cri des marins couvrit le bruit des vagues dès qu'on eut entendu l'ordre du chef de nage. Quand on fut à bonne distance de la terre, ni très près ni très loin, le maître du timon demanda :

152. Texte problématique : L porte le futur ὤσει, qui supposerait un emploi intransitif – avec φάσγανον comme sujet – qui n'est guère attesté ; Grégoire a adopté la correction par un présent et choisi de considérer la phrase comme une parenthèse, ce qui permet le changement de sujet et un emploi transitif normal du verbe.

153. L'existence d'un cheval (un des animaux proposés par Théoclymène au vers 1258) est problématique, puisque le texte ne porte qu'un adjectif, généralement appliqué à un cheval (« qui n'a qu'un seul joug ») opposé au bœuf de labour. Mais, comme il ne sera plus jamais question du moindre cheval, certains commentateurs (et le *LSJ*) estiment qu'il peut désigner le taureau.

154. Voir *supra*, n. 119.

Ἔτ', ὦ ξέν', ἐς τὸ πρόσθεν — ἢ καλῶς ἔχει —
πλεύσωμεν ; ἀρχαὶ γὰρ νεὼς μέλουσι σοί.
Ὁ δ' εἶφ'· Ἅλις μοι. Δεξιᾷ δ' ἑλὼν ξίφος
ἐς πρῷραν εἷρπε κἀπὶ ταυρείῳ σφαγῇ
σταθεὶς νεκρῶν μὲν οὐδενὸς μνήμην ἔχων,
τέμνων δὲ λαιμὸν ηὔχετ'. Ὦ ναίων ἅλα
πόντιε Πόσειδον Νηρέως θ' ἁγναὶ κόραι,
σώσατέ μ' ἐπ' ἀκτὰς Ναυπλίας δάμαρτά τε
ἄσυλον ἐκ γῆς. Αἵματος δ' ἀπορροαὶ
ἐς οἶδμ' ἐσηκόντιζον οὔριοι ξένῳ.
Καί τις τόδ' εἶπε· Δόλιος ἡ ναυκληρία.
Πάλιν πλέωμεν ·δξύ νυν κέλευε σύ,
σὺ δὲ στρέφ' οἴακ'. Ἐκ δὲ ταυρείου φόνου
Ἀτρέως σταθεὶς παῖς ἀνεβόησε συμμάχους·
Τί μέλλετ', ὦ γῆς Ἑλλάδος λωτίσματα,
σφάζειν φονεύειν βαρβάρους νεώς τ' ἄπο
ῥίπτειν ἐς οἶδμα ; Ναυβάταις δὲ τοῖσι σοῖς
βοᾷ κελευστὴς τὴν ἐναντίαν ὄπα·
Οὐκ εἶ' ὁ μέν τις λοῖσθον ἀρεῖται δόρυ,
ὁ δὲ ζύγ' ἄξας, ὁ δ' ἀφελὼν σκαλμοῦ πλάτην
καθαιματώσει κρᾶτα πολεμίων ξένων ;
 Ὀρθοὶ δ' ἀνῇξαν πάντες, οἳ μὲν ἐν χεροῖν
κορμοὺς ἔχοντες ναυτικούς, οἳ δὲ ξίφη·
φόνῳ δὲ ναῦς ἐρρεῖτο. Παρακέλευσμα δ' ἦν
πρύμνηθεν Ἑλένης· Ποῦ τὸ Τρωικὸν κλέος ;
Δείξατε πρὸς ἄνδρας βαρβάρους. Σπουδῆς δ' ὕπο
ἔπιπτον, οἳ δ' ὠρθοῦντο, τοὺς δὲ κειμένους
νεκροὺς ἂν εἶδες. Μενέλεως δ' ἔχων ὅπλα,
ὅποι νοσοῖεν ξύμμαχοι κατασκοπῶν,
ταύτῃ προσῆγε χειρὶ δεξιᾷ ξίφος,

« Devons-nous encor pousser au large, étranger ? Est-ce bien ainsi ? Car c'est à toi qu'incombe le commandement du navire. » – Et il dit : « cela me suffit », et, mettant l'épée au poing, de s'élancer vers la proue où, tout en immolant le taureau, il ne commémora le nom d'aucun défunt, mais priait, en tranchant le cou de la victime : « Ô divin Poséidon, qui dans la mer résides et vous, chastes filles de Nérée, amenez-moi, sain et sauf aux rives de Nauplie, ainsi que mon épouse, bien loin de ce pays. » Et le sang jaillissait dans la mer à torrents, livrant à l'étranger un présage propice. Alors quelqu'un cria : « Trahison, ce voyage ! Faisons demi-tour. Toi, donne sans délai les ordres, et toi, tourne le gouvernail[155]. » Lors, laissant le taureau immolé, debout, le fils d'Atrée héla ses compagnons : « Qu'attendez-vous, ô fleur de la terre hellénique, pour égorger, massacrer, jeter par-dessus bord ces barbares ? » À tes marins, le chef de nage criait l'ordre contraire : « Courage ! Que chacun ramasse quelque espar, mette en pièces les bancs, arrache un aviron du tolet, que chacun, en frappant à la tête, fasse couler le sang impur des étrangers ! » Et tous bondirent sur leurs pieds, les uns avec en mains des rames du navire, et les autres une épée. Et la nef ruisselait de sang[156], tandis qu'Hélène, de la poupe, les encourageait : « Où est la gloire de Troie ? Montrez-la à ces hommes barbares ! » Dans l'ardeur du combat, les uns tombaient, et puis se relevaient, ou bien restaient morts sur la place. Ménélas, bien armé, attentif aux endroits où les siens faiblissaient, s'y portait aussitôt, le glaive dans sa droite, et forçait à sauter du navire. Il finit

155. Nouveau vers désespéré ; ὀξύ νυν tente de corriger un incompréhensible ἀξίαν ; autres propositions : ἀντίαν, δεξίαν – pour préciser la direction.

156. Vers modelé sur la formule épique ῥέε δ' αἵματι γαῖα, *Iliade*, IV, 451 = VIII, 65 = XV, 715 = XX, 494.

ὥστ' ἐκκολυμβᾶν ναός· ἠρήμωσε δὲ
σῶν ναυβατῶν ἐρετμά. Ἐπ' οἰάκων δὲ βὰς
ἄνακτ' ἐς Ἑλλάδ' εἶπεν εὐθύνειν δόρυ.
Οἳ δ' ἱστὸν ᾖρον, οὔριαι δ' ἧκον πνοαί.
Βεβᾶσι δ' ἐκ γῆς. Διαφυγὼν δ' ἐγὼ φόνον
καθῆκ' ἐμαυτὸν εἰς ἅλ' ἄγκυραν πάρα·
ἤδη δὲ κάμνονθ' ὁρμιατόνων μέ τις
ἀνείλετ', ἐς δὲ γαῖαν ἐξέβησέ σοι
τάδ' ἀγγελοῦντα. Σώφρονος δ' ἀπιστίας
οὐκ ἔστιν οὐδὲν χρησιμώτερον βροτοῖς.

ΧΟ. Οὐκ ἄν ποτ' ηὔχουν οὔτε σ' οὔθ' ἡμᾶς λαθεῖν
Μενέλαον, ὦναξ, ὡς ἐλάνθανεν παρών.

ΘΕ. Ὦ γυναικείαις τέχναισιν αἱρεθεὶς ἐγὼ τάλας·
ἐκπεφεύγασιν γάμοι με. Κεἰ μὲν ἦν ἁλώσιμος
ναῦς διώγμασιν, πονήσας εἷλον ἂν τάχα ξένους·
νῦν δὲ τὴν προδοῦσαν ἡμᾶς τεισόμεσθα σύγγονον,
ἥτις ἐν δόμοις ὁρῶσα Μενέλεων οὐκ εἶπέ μοι.
Τοιγὰρ οὔποτ' ἄλλον ἄνδρα ψεύσεται μαντεύμασιν.

ΘΕΡΑΠΩΝ

Οὗτος ὦ, ποῖ σὸν πόδ' αἴρεις, δέσποτ', ἐς ποῖον φόνον;

ΘΕ. Οἷπερ ἡ δίκη κελεύει με· ἀλλ' ἀφίστασ' ἐκποδών.

ΘΕΡ. Οὐκ ἀφήσομαι πέπλων σῶν· μεγάλα γὰρ σπεύδεις κακά.

ΘΕ. Ἀλλὰ δεσποτῶν κρατήσεις δοῦλος ὤν;

157. Rien dans le texte n'indique qui s'oppose à Théoclymène ; le plus naturel serait qu'il s'agisse du coryphée, mais l'emploi du masculin au vers 1630 est, sinon impossible, du moins gênant ; en outre les

par vider les bancs de tes rameurs, puis, marchant vers celui qui tenait le timon, il ordonna de gouverner droit sur la Grèce. Le mât dressé, les vents favorables soufflèrent. Ils sont partis. Pour moi, échappant au carnage je me laissai glisser en mer, le long de l'ancre. Je m'évanouissais, quand je fus recueilli par un pêcheur, qui put me ramener à terre pour t'annoncer ceci... Le bien le plus utile aux mortels, c'est, crois-moi, la sage méfiance.

LE CHŒUR. – Jamais je n'aurais cru, Seigneur, que Ménélas pût se dissimuler à toi aussi bien qu'à nous, comme il a dissimulé sa présence.

THÉOCLYMÈNE. – Malheureux que je suis, berné par les ruses d'une femme ! Mon hymen m'abandonne ! Encor s'il me restait quelque chance de poursuivre et d'atteindre la nef, j'aurais fait diligence, pour remettre la main sur ce lot d'étrangers. Mais, du moins, je me vengerai de la sœur qui m'a trahi, qui, voyant Ménélas en ces lieux, m'a caché sa présence ; ah, par Dieu, je serai le dernier qu'aura trompé son oracle menteur !

Théoclymène veut pénétrer par la porte de droite dans la partie du palais réservée à Théonoé. Mais un serviteur de celle-ci s'y oppose[157].

LE SERVITEUR. – Holà, toi, ô Seigneur, où vas-tu ? Faire couler quel sang ?

THÉOCLYMÈNE. – Je vais où la justice me l'ordonne. Mais toi, ôte-toi du chemin.

LE SERVITEUR. – Je ne lâcherai point tes habits : tu cours vers un grand crime.

THÉOCLYMÈNE. – Tu veux donc maîtriser ton seigneur, toi un esclave ?

femmes du chœur peuvent-elles vraiment considérer Théonoé comme leur maîtresse ? Le vieillard est aussi arrivé sans être annoncé en 597 et ses paroles sur le noble esclave sont très proches des propos tenus ici en 1640-1641 : on peut donc penser à un serviteur de Théonoé apparaissant à la porte du palais, ce qui justifie le masculin.

ΘΕΡ. Φρονῶ γὰρ εὖ.

ΘΕ. Οὐκ ἔμοιγ', εἰ μή μ' ἐάσεις —

ΘΕΡ. Οὐ μὲν οὖν σ' ἐάσομεν.

ΘΕ. Σύγγονον κτανεῖν κακίστην —

ΘΕΡ. Εὐσεβεστάτην μὲν οὖν.

ΘΕ. Ἥ με προὔδωκεν —

ΘΕΡ. Καλήν γε προδοσίαν, δίκαια δρᾶν.

ΘΕ. Τἀμὰ λέκτρ' ἄλλῳ διδοῦσα.

ΘΕΡ. Τοῖς γε κυριωτέροις.

ΘΕ. Κύριος δὲ τῶν ἐμῶν τίς ;

ΘΕΡ. Ὃς ἔλαβεν πατρὸς πάρα.

ΘΕ. Ἀλλ' ἔδωκεν ἡ τύχη μοι.

ΘΕΡ. Τὸ δὲ χρεὼν ἀφείλετο.

ΘΕ. Οὐ σὲ τἀμὰ χρὴ δικάζειν.

ΘΕΡ. Ἤν γε βελτίω λέγω.

ΘΕ. Ἀρχόμεσθ' ἄρ', οὐ κρατοῦμεν ;

ΘΕΡ. Ὅσια δρᾶν, τὰ δ' ἔκδικ' οὔ.

ΘΕ. Κατθανεῖν ἐρᾶν ἔοικας.

ΘΕΡ. Κτεῖνε· σύγγονον δὲ σὴν
οὐ κτενεῖς ἡμῶν ἑκόντων, ἀλλ' ἔμ'· ⟨ὡς⟩ πρὸ δεσποτῶν
τοῖσι γενναίοισι δούλοις εὐκλεέστατον θανεῖν.

LE SERVITEUR. – Mon sentiment est bon[158].

THÉOCLYMÈNE. – Pas à mon égard, si tu ne me laisses pas…

LE SERVITEUR. – Non, je ne te laisserai pas…

THÉOCLYMÈNE. – Tuer la sœur la plus exécrable…

LE SERVITEUR. – La plus pieuse au contraire.

THÉOCLYMÈNE. – Qui m'a trahi…

LE SERVITEUR. – Oui, noble trahison, que de faire la justice.

THÉOCLYMÈNE. – En donnant ma femme à un autre…

LE SERVITEUR. – Oui, qui a meilleur droit.

THÉOCLYMÈNE. – Et qui a des droits sur ce qui m'appartient ?

LE SERVITEUR. – Celui qui l'a reçue de son père.

THÉOCLYMÈNE. – Mais la fortune me l'avait donnée…

LE SERVITEUR. – Et la nécessité te l'a enlevée.

THÉOCLYMÈNE. – Tu n'as pas à juger de mes affaires.

LE SERVITEUR. – Mais si, si je dis mieux.

THÉOCLYMÈNE. – Ainsi on nous commande et nous ne sommes plus le maître ?

LE SERVITEUR. – Tu l'es, mais pour agir pieusement, et non contre le droit.

THÉOCLYMÈNE. – Tu parais souhaiter de périr.

LE SERVITEUR. – Tue-moi : mais ta sœur, tu ne la tueras pas avec mon accord, tu me tueras plutôt. Car il n'est plus grande gloire pour de nobles esclaves que de mourir pour ses maîtres.

Les Dioscures apparaissent ex machina.

158. « Je nourris de bonnes pensées », ce qui, dans l'esprit du personnage, signifie : « j'ai toute ma raison », mais que Théoclymène détourne dans le sens « avoir de bons sentiments vis-à-vis de quelqu'un » en ajoutant οὐκ ἔμοιγε.

ΔΙΟΣΚΟΡΟΙ

Ἐπίσχες ὀργὰς αἷσιν οὐκ ὀρθῶς φέρῃ,
Θεοκλύμενε, γαίας τῆσδ' ἄναξ· δισσοὶ δέ σε
Διόσκοροι καλοῦμεν, οὓς Λήδα ποτὲ
ἔτικτεν Ἑλένην θ', ἣ πέφευγε σοὺς δόμους·
οὐ γὰρ πεπρωμένοισιν ὀργίζῃ γάμοις,
οὐδ' ἡ θεᾶς Νηρῇδος ἔκγονος κόρη
ἀδικεῖ σ' ἀδελφὴ Θεονόη, τὰ τῶν θεῶν
τιμῶσα πατρός τ' ἐνδίκους ἐπιστολάς.
Ἐς μὲν γὰρ αἰεὶ τὸν παρόντα νῦν χρόνον
κείνην κατοικεῖν σοῖσιν ἐν δόμοις ἐχρῆν·
ἐπεὶ δὲ Τροίας ἐξανεστάθη βάθρα,
καὶ τοῖς θεοῖς παρέσχε τοὔνομ', οὐκέτι·
ἐν τοῖσι δ' αὐτῆς δεῖ νιν ἐζεῦχθαι γάμοις
ἐλθεῖν τ' ἐς οἴκους καὶ συνοικῆσαι πόσει.
Ἀλλ' ἴσχε μὲν σῆς συγγόνου μέλαν ξίφος,
νόμιζε δ' αὐτὴν σωφρόνως πράττειν τάδε.
Πάλαι δ' ἀδελφὴν κἂν πρὶν ἐξεσώσαμεν,
ἐπείπερ ἡμᾶς Ζεὺς ἐποίησεν θεούς·
ἀλλ' ἥσσον' ἦμεν τοῦ πεπρωμένου θ' ἅμα
καὶ τῶν θεῶν, οἷς ταῦτ' ἔδοξεν ὧδ' ἔχειν.
Σοὶ μὲν τάδ' αὐδῶ, συγγόνῳ δ' ἐμῇ λέγω·
πλεῖν ξὺν πόσει σῷ· πνεῦμα δ' ἕξετ' οὔριον·
σωτῆρε δ' ἡμεῖς σὼ κασιγνήτω διπλῶ
πόντον παριππεύοντε πέμψομεν πάτραν.
Ὅταν δὲ κάμψῃς καὶ τελευτήσῃς βίον,
θεὸς κεκλήσῃ καὶ Διοσκόρων μέτα
σπονδῶν μεθέξεις ξένιά τ' ἀνθρώπων πάρα
ἕξεις μεθ' ἡμῶν· Ζεὺς γὰρ ὧδε βούλεται.

Les Dioscures. – Calme l'emportement furieux qui t'égare, Théoclymène, ô roi de ce pays ; nous t'appelons, nous, les Dioscures, que Léda mit au monde, avec Hélène, qui s'est enfuie de ton palais ! Car l'union dont le regret te fâche ainsi t'est refusée par le destin. Et la fille de la divine Néréide, ta sœur Théonoé, n'est coupable d'aucune injustice à ton endroit : elle ne fait que respecter les lois des dieux et les justes instructions d'un père. En effet, le sort voulait qu'Hélène habitât ton palais jusqu'en cette journée. Maintenant que les fondations de Troie ont été renversées et qu'elle a prêté son nom aux dieux, c'en est fini : elle doit rester dans les liens du mariage qui est le sien et rentrer au foyer, afin d'y vivre avec son époux. Retiens ce glaive noir tiré pour châtier ta sœur, et crois enfin qu'elle agit sagement. Dès longtemps nous eussions sauvé notre sœur, puisque Zeus aussi bien a fait de nous des dieux. Mais nous ne pouvions rien contre la destinée et les divinités qui voulaient tout ceci[159]. Voilà pour toi. Je parle à ma sœur à présent. Vogue avec ton époux : vous aurez un bon vent. Nous, tes frères, sauveurs des marins, chevauchant à côté de ta nef par la plaine marine, nous t'accompagnerons jusque dans ta patrie. Et lorsque tu auras pris l'ultime tournant et terminé la course de tes jours, tu seras invoquée ainsi qu'une déesse, tu participeras avec les Dioscures aux festins rituels, aux libations saintes que les humains nous offriront[160]. Car Zeus lui-même le

159. Comparer cette supériorité de la destinée avec *Iliade*, XVI, 441 sq. et XXII, 179-181 ; elle était annoncée au vers 1636 ; elle est aussi en accord avec ce que dit Athéna en *IT*, 1486 : τὸ γὰρ χρεὼν σοῦ τε καὶ θεῶν κρατεῖ.

160. Les festins rituels offerts aux Dioscures (ξένια, puis θεοξένια) trouvent ici leur première attestation. Plusieurs éditeurs athétisent καὶ Διοσκόρων μέτα | σπονδῶν μεθέξεις comme réduplication superfétatoire par rapport aux ξένια.

Οὗ δ' ὥρισέν σε πρῶτα Μαιάδος τόκος,
Σπάρτης ἀπάρας, τὸν κατ' οὐρανὸν δρόμον,
κλέψας δέμας σὸν μὴ Πάρις γήμειέ σε,
— φρουρὸν παρ' Ἀκτὴν τεταμένην νῆσον λέγω —
Ἑλένη τὸ λοιπὸν ἐν βροτοῖς κεκλήσεται,
ἐπεὶ κλοπὰς σὰς ἐκ δόμων ἐδέξατο.
Καὶ τῷ πλανήτῃ Μενέλεῳ θεῶν πάρα
μακάρων κατοικεῖν νῆσόν ἐστι μόρσιμον·
τοὺς εὐγενεῖς γὰρ οὐ στυγοῦσι δαίμονες,
τῶν δ' ἀναριθμήτων μᾶλλόν εἰσιν οἱ πόνοι.

ΘΕ. Ὦ παῖδε Λήδας καὶ Διός, τὰ μὲν πάρος
νείκη μεθήσω σφῶν κασιγνήτης πέρι·
ἐγὼ δ' ἀδελφὴν οὐκέτ' ἂν κτάνοιμ' ἐμήν.
Κείνη δ' ἴτω πρὸς οἶκον, εἰ θεοῖς δοκεῖ.
Ἴστον δ' ἀρίστης σωφρονεστάτης θ' ἅμα
γεγῶτ' ἀδελφῆς ὁμογενοῦς ἀφ' αἵματος.
Καὶ χαίρεθ' Ἑλένης οὕνεκ' εὐγενεστάτης
γνώμης, ὃ πολλαῖς ἐν γυναιξὶν οὐκ ἔνι.

veut ainsi. Quant à l'endroit où t'a menée Hermès, fils de Maïa, sitôt qu'il t'eut ravie par le chemin des airs, à Sparte, t'enlevant à Pâris, refusée à ses embrassements, je veux parler de l'île qui s'allonge le long de l'Attique en garde-côte, son nom à l'avenir pour les mortels sera Hélène, pour t'avoir reçue, lorsque tu fus ravie à ton foyer[161]. Enfin les dieux destinent à Ménélas qui tant erra, pour résidence, l'île des Bienheureux[162]. Car, pour les gens bien nés, les dieux n'ont point de haine ; mais plus que la foule innombrable, ils connaissent les peines[163].

THÉOCLYMÈNE. – Ô fils de Zeus et de Léda, je ferai taire ma rancune à l'endroit de votre sœur, et je ne songe plus à mettre à mort ma sœur. Qu'Hélène, puisqu'il plaît aux dieux, rentre au pays. Et vous, sachez que vous êtes les frères d'une femme vaillante et sage entre les femmes. Soyez félicités de la noblesse d'âme[164] de votre Hélène – don si rare chez les femmes.

161. Sur cette île, voir l'introduction p. XXV, n. 1.

162. C'est la prédiction de Protée à Ménélas dans l'*Odyssée*, IV, 561-569.

163. Vers au grec raboteux, puisque, au lieu de lier, comme on le penserait naturellement, le génitif au comparatif, il faut le faire porter sur le verbe, et dont l'adaptation au contexte est sujette à caution. Le sens logique attendu, dans cette explication du sort heureux réservé au héros, est plutôt que « les dieux n'ont point en haine les hommes nobles, *même si*, plus qu'à la masse, ils leur imposent des peines ». Car, même si les peines des humbles sont une réalité, il n'en est pas moins vrai qu'Hélène et Ménélas ont aussi été très éprouvés et qu'il est curieux de leur enlever les *ponoi*. Soit donc les Dioscures, gauchissant quelque peu ce qu'on a vu dans la pièce, explicitent le côté amer de la pièce et les limites du merveilleux, qui n'a cours que dans un monde poétique et mythologique sans rapport avec le monde des simples mortels, soit, cette amertume restant en filigrane par le contraste, le vers est corrompu et on le met entre croix – comme le fait la dernière édition de Diggle, après celle de Kannicht.

164. « Âme » rend γνώμη, qui est la faculté de discernement exaltée par le vieillard et immortelle selon Théonoé.

ΧΟ. Πολλαὶ μορφαὶ τῶν δαιμονίων,
πολλὰ δ' ἀέλπτως κραίνουσι θεοί·
καὶ τὰ δοκηθέντ' οὐκ ἐτελέσθη,
τῶν δ' ἀδοκήτων πόρον ηὗρε θεός.
Τοιόνδ' ἀπέβη τόδε πρᾶγμα.

LE CHŒUR. – Le divin prend diverses formes, et les dieux, contre toute attente, diversement mènent les choses. Ce qui paraissait vraisemblable souvent ne s'exécute point, et ce qui semblait impossible, Dieu souvent le fait aboutir. Et ce drame finit ainsi[165]...

165. Anapestes formulaires qui concluent aussi *Alceste, Andromaque, Médée* et les *Bacchantes*.

Appendice
Sources et « descendance »

L'Hélène d'Homère

Hélène au rempart : Iliade, *III, 121-165*

Mais Iris, à son tour, vient en messagère trouver Hélène aux bras blancs. Elle a pris les traits de sa belle-sœur, l'épouse du fils d'Anténor, celle que s'est donnée pour femme Hélicaon, le roi fils d'Anténor, Laodice, la première en beauté des filles du roi Priam. Et elle trouve Hélène en son palais en train de tisser une large pièce, un manteau double de pourpre. Elle y trace les épreuves des Troyens dompteurs de cavales et des Achéens à cotte de bronze, les multiples épreuves qu'ils ont subies pour elle sous les coups d'Arès. Iris aux pieds rapides s'approche d'elle et dit :

« Viens, ma chère, viens voir une chose extraordinaire : les Troyens dompteurs de cavales et les Achéens à cotte de bronze jusqu'ici, dans la plaine, allaient portant les uns contre les autres l'Arès, source de pleurs : ils ne songeaient qu'à la guerre exécrable ; les voici maintenant assis et muets. La bataille a pris fin ; ils s'appuient sur leurs boucliers ; leurs longues javelines, près d'eux, sont fichées en terre. Alexandre et Ménélas chéri d'Arès vont ensemble, pour t'avoir, combattre de leurs longues piques, et l'on t'appellera la femme de celui qui aura vaincu. »

Ainsi dit la déesse, et elle met au cœur d'Hélène le doux désir de son premier époux, de sa ville, de ses parents. Vite, elle se couvre d'un long voile blanc, et elle sort de sa chambre en versant de tendres pleurs. Elle n'est pas seule : deux suivantes l'accompagnent, Aithrée, fille de Pitthée, ainsi que Clymène aux grands yeux. Bientôt elles arrivent où sont les portes Scées.

Or Priam, Panthoos et Thymoïtès, Lampos, Clytios et Hikétaon, rejeton d'Arès, Oucalégon et Anténor, deux sages, sont là qui siègent, en Conseil des Anciens, près des portes Scées. L'âge pour eux a mis fin à la guerre. Mais ce sont de beaux discoureurs : on dirait des cigales, qui, dans le bois, sur un arbre, font entendre leur voix charmante. Tels sont les chefs troyens siégeant sur le rempart. Ils voient Hélène monter sur le rempart, et, à voix basse, ils échangent des mots ailés :

« Non, il n'y a pas lieu de blâmer les Troyens ni les Achéens aux bonnes jambières, si, pour telle femme, ils souffrent si longs maux. Elle a terriblement l'air, quand on l'a devant soi, des déesses immortelles... Mais, malgré tout, telle qu'elle est, qu'elle s'embarque et qu'elle parte ! qu'on ne la laisse pas ici, comme un fléau pour nous et pour nos fils plus tard ! »

Voilà comment ils parlent. Mais, élevant la voix, Priam appelle Hélène :

« Avance ici ma fille, assieds-toi devant moi. Tu vas vois ton premier époux, tes alliés et tes amis. – Tu n'es pour moi cause de rien : les dieux seuls sont cause de tout ; ce sont eux qui ont déchaîné cette guerre, source de pleurs, avec les Achéens...

Les affres d'Hélène : Iliade, *VI, 344-358*[1]

Mon beau-frère, tu n'as en moi qu'une chienne, dont les méfaits font frissonner. Comme j'aurais dû, le jour même où ma mère m'a enfantée, être saisie et emportée par une bourrasque terrible sur la montagne ou dans les flots de la mer tumultueuse ; les flots m'auraient entraînée, avant que ces choses se fissent ! Mais, puisque les dieux ont ainsi achevé ces maux, je devais être alors la femme d'un homme plus noble, sensible au ressentiment et aux outrages répétés des autres hommes. Celui-ci n'a point maintenant de fermeté d'âme et n'en aura jamais : aussi, je crois, en recueillera-t-il les fruits. Mais entre maintenant, assieds-toi sur ce siège, mon beau-frère, car c'est toi surtout que la peine envahit, à cause de moi, chienne que je suis, à cause de l'égarement d'Alexandre. Zeus nous a fait une mauvaise destinée, afin que, plus tard, nous soyons un sujet de poème pour les hommes à venir.

Hélène pleurant sur le corps d'Hector : Iliade, *XXIV, 761-776*

La troisième, à son tour, Hélène donne le signal des plaintes :

« Hector, de tous mes beaux-frères tu étais, de beaucoup le plus cher à mon cœur. Je n'oublie pas que mon époux est Alexandre pareil aux dieux, qui m'a emmenée à Troie – que ne suis-je morte avant ! Voici vingt ans

1. Voir aussi le refus qu'elle oppose d'abord à Aphrodite qui l'envoie rejoindre Pâris dans leur chambre après qu'elle l'a subtilisé à Ménélas : « Pour moi je n'irai pas là-bas – ce serait indigne – pour arranger et partager son lit. Les Troyennes, par derrière, toutes, me railleraient. Et j'ai au cœur des douleurs infinies » (*Iliade*, III, 410-412).

déjà que je suis partie de là-bas et que j'ai quitté mon pays, et de toi jamais je n'entendis mot méchant ni amer. Au contraire, si quelque autre dans le palais me critiquait, de mes beaux-frères ou de leurs sœurs, ou de leurs femmes aux beaux voiles, ou encore ma belle-mère – mon beau-père, lui, m'était toujours doux comme un père – c'était toi qui les retenais, les persuadant par tes avis, ta douceur, tes mots apaisants. Je pleure donc sur moi, malheureuse, autant que sur toi, d'un cœur désolé. Nul désormais dans la vaste Troade qui me témoigne quelque douceur et amitié : tous n'ont pour moi que de l'horreur. »

Ainsi dit-elle, pleurante ; et la foule immense gémit.

*

La palinodie de Stésichore

Platon, Phèdre, *243 a*

Il y a, pour ceux qui commettent une faute en racontant un mythe, une antique purification, dont Homère ne s'est point avisé, mais dont Stésichore a tenu compte. Car, privé de la vue pour avoir dit du mal d'Hélène, il sut à quoi s'en tenir, à la différence d'Homère ; inspiré par les Muses, il sut de quoi on l'accusait et aussitôt il composa ses vers :

> Il n'est pas conforme à la réalité ce discours ;
> Non, tu ne montas pas sur les nefs bien pontées.
> Non, tu ne vins pas à la citadelle de Troie.

Et, dès qu'il eut achevé de composer l'ensemble de cette *Palinodie*, comme on l'appelle, il recouvra la vue sur-le-champ.

Platon, République, *IX, 586 b*

« N'est-ce pas une nécessité qu'ils (*scil.* les gens qui ne recherchent que les plaisirs physiques) n'aient que des plaisirs mêlés de peines, des fantômes (εἰδώλοις) du véritable plaisir, des ébauches qui ne prennent de couleur que si on juxtapose les plaisirs et les peines pour les renforcer tous deux ; de là viennent les amours furieuses que les insensés conçoivent les uns pour les autres et pour lesquelles ils se battent, comme on se battait sous Troie, au dire de Stésichore, pour le fantôme *d'Hélène* (εἴδωλον), faute de savoir la vérité.

*

Hélène en Égypte : Hérodote, II, 112-120

112. Dans l'enceinte s'élève un sanctuaire dit de l'Aphrodite Étrangère. Je suppose qu'il s'agit là d'un temple consacré à la fille de Tyndare, Hélène, comme j'ai entendu raconter que cette héroïne a séjourné chez Protée, et surtout à cause du nom d'Aphrodite Étrangère qu'il porte…

113. En réponse à mes interrogations, les prêtres me racontaient ainsi l'aventure d'Hélène. Alexandre, après l'avoir enlevée de Sparte, faisait voile pour regagner son pays ; quand il fut dans l'Égée, voici que des vents contraires le chassent dans la mer d'Égypte ; et, de là, comme les vents ne se relâchaient pas, il arrive en Égypte, dans la région d'Égypte où sont la bouche du Nil appelée maintenant Canopique et les Tarichées. Il y avait sur le rivage – il y est encore aujourd'hui – un sanctuaire d'Héraclès ; si un esclave, appartenant à n'importe qui, s'y réfugie et fait imprimer sur sa personne des stigmates sacrés en se donnant au dieu, il

n'est pas permis de l'appréhender ; cette coutume continue à exister, telle jusqu'à mon temps qu'elle a existé à l'origine. Or donc les serviteurs d'Alexandre, informés de la loi concernant ce sanctuaire, firent défection ; et, assis en suppliants du dieu, ils accusaient Alexandre, dans l'intention de lui nuire, racontant toute l'histoire, ce qui en était d'Hélène et de l'injure faite à Ménélas ; ils produisaient leurs accusations en présence des prêtres et du gardien de cette bouche du fleuve, lequel avait nom Thonis.

114. Les ayant entendus, Thonis expédie au plus vite à Memphis, à l'adresse de Protée, un message qui disait : « Il est arrivé un étranger, un Teucrien, qui a commis en Grèce un acte inique ; il a séduit la femme de son hôte, il l'emmène avec lui, elle et une masse de trésors ; les vents l'ont poussé hors de sa route sur tes terres. Le laisserons-nous mettre à la voile indemne, ou lui enlèverons-nous ce avec quoi il est venu ? » En réponse, Protée envoie à son tour quelqu'un qui dit de sa part : « Cet homme, quel qu'il soit, puisqu'il a outragé son hôte d'une façon impie, saisissez-le et amenez-le moi, pour que je sache ce qu'il pourra bien avoir à dire. »

115. Ayant ouï cet ordre, Thonis saisit Alexandre et retient ses vaisseaux ; après quoi, il le conduisit de la côte à Memphis avec Hélène et les trésors, et en outre les suppliants. [...] En fin de compte Protée leur rend cette sentence : « Si, dit-il, je ne tenais beaucoup à ne faire périr aucun des étrangers qui, détournés de leur route par les vents, ont jusqu'à ce jour abordé sur mes terres[2], je vengerais le Grec sur toi, le plus méchant des hommes, qui, après avoir reçu l'hospitalité, as commis un acte exécrable. Tu t'es approché de la femme de ton hôte ; et cela ne t'a pas suffi ; tu l'as engagée à fuir, tu es parti avec elle, tu l'as ravie. Et cela, à soi seul, ne t'a pas non plus suffi ; tu arrives ici après avoir pillé la demeure de

2. C'est l'anti-Busiris.

ton hôte. Maintenant donc, vu que je tiens beaucoup à ne pas faire périr un étranger, je ne te laisserai pas emmener cette femme ni ces trésors ; je les garderai, moi, pour ton hôte de Grèce jusqu'à ce qu'il veuille venir lui-même les remmener chez lui ; quant à toi et tes compagnons, je vous avertis d'avoir dans les trois jours à changer de mouillage, à quitter mes terres pour un autre pays ; sinon, vous serez traités en ennemis. »

119. En Égypte, Ménélas remonta le Nil jusqu'à Memphis et conta au roi les faits tels qu'ils s'étaient passés ; il reçut alors l'hospitalité la plus généreuse et reprit Hélène, qui n'avait souffert aucun mal, et avec elle tous ses trésors. Cependant, après avoir été si bien traité, il agit fort mal envers les Égyptiens : au moment où il s'apprêtait à reprendre la mer, le mauvais temps l'arrêta ; la situation se prolongeant, il eut recours à un sacrifice impie : il s'empara de deux jeunes enfants qui appartenaient à des familles du pays et les égorgea en victimes propitiatoires. Après quoi, sitôt son crime connu, en butte à la haine et aux poursuites des Égyptiens, il dut s'enfuir avec ses vaisseaux vers la Libye.

*

L'ANNONCE DE LA « NOUVELLE HÉLÈNE » : EURIPIDE, *ÉLECTRE*, 1278-1283

(Ce sont les Dioscures, dei ex machina *de la pièce, qui parlent à Oreste.)*

Quant à ta mère, Ménélas, qui vient seulement d'arriver à Nauplie depuis si longtemps qu'il a pris Troie, et avec lui, Hélène lui donneront la sépulture[3]. C'est du palais de Protée, en Égypte, que revient Hélène, et elle

3. Voir *Odyssée*, III, 131.

n'est jamais allée en Phrygie. Zeus, pour susciter la discorde et le carnage parmi les humains, avait envoyé à Ilion un fantôme d'Hélène.

*

MÉDITATION MODERNE SUR L'HÉLÈNE D'EURIPIDE : SÉFÉRIS, *JOURNAL DE BORD*, III, *HÉLÈNE*

> TEUCROS : … le vent qui poussera ma voile vers Chypre, au milieu de la mer où, m'a dit Apollon, j'aurai une demeure. Et je la nommerai Salamine, comme mon île, en souvenir de ma patrie perdue…
>
> HÉLÈNE : … Je ne suis pas allée à Troie. C'était mon ombre…
>
> MESSAGER : Comment ? Nous aurions en vain peiné pour un nuage ?
>
> EURIPIDE, *Hélène*

« Les rossignols ne vous laissent pas dormir à Platrès. »
Timide rossignol, dans la respiration des feuilles,
Toi qui offres la fraîcheur sonore des forêts
Aux corps séparés et aux âmes
De ceux qui savent qu'ils ne reviendront pas.
Aveugle voix qui tâtonne dans la nuit de la mémoire,
Bruits de pas, signes de la main : je n'oserai dire
[baisers ;
Et l'amer frisson de la captive exaspérée.
« Les rossignols ne vous laissent pas dormir à Platrès. »
Qu'est-ce, Platrès ? Et qui connaît cette île ?
J'ai passé ma vie à entendre des noms inconnus :
Pays nouveaux, nouvelles folies des dieux
Ou des hommes ;
mon destin qui ondoie
Entre l'épée ultime d'un Ajax

Et une autre Salamine
M'a conduit jusqu'ici, sur cette rive.
La lune
A jailli de la mer comme Aphrodite,
Éclipsé la constellation de l'Archer et va maintenant
Vers le cœur du Scorpion, tout se métamorphose.
Où est la vérité ?
Moi aussi, j'étais archer pendant la guerre ;
Mon destin, celui d'un homme qui manqua le but.
Rossignol, aède,
Par une nuit semblable, sur la grève de Protée
Les captives de Sparte t'écoutèrent et chantèrent
[le thrène.
Et parmi elles – qui l'eût cru – Hélène !
Celle que, tant d'années, nous cherchâmes
[au Scamandre ;
Elle était là, à l'orée du désert.
Je la touchai, elle me parla :
« Ce n'est pas vrai, ce n'est pas vrai », criait-elle,
« Je ne suis pas montée sur le navire à la proue d'azur
Je n'ai jamais foulé le sol de la vaillante Troie. »
Gorge puissante, soleil dans les cheveux, et cette stature,
Partout ombres et sourires
Sur les épaules, les cuisses, les genoux ;
Peau vivante, et les yeux
Et leurs grandes paupières.
Elle était là, sur les berges d'un Delta.
Et à Troie ?
À Troie – rien – un simulacre.
Ainsi le voulurent les dieux.
Et Pâris s'unissait à une ombre comme avec un être
[de chair ;
Et nous, pendant dix ans, nous nous égorgions
[pour Hélène.
Une grande douleur s'était abattue sur la Grèce.
Tant de corps jetés
Dans les mâchoires de la mer, dans les mâchoires
[de la terre ;

Tant d'âmes
Livrées aux meules comme du blé.
Et les fleuves montaient pleins d'une boue sanglante
Pour un frémissement de lin, une nuée,
Un vol de papillon, pour un duvet de cygne,
Pour une tunique vide, pour une Hélène.
Et mon frère ?
Rossignol, rossignol, rossignol,
Qu'est-ce qu'un dieu ? Le dieu, que n'est-il pas ?
Et, dans l'intervalle, que peut-il être ?
« Les rossignols ne vous laissent pas dormir à Platrès. »
Oiseau en larme, à Chypre embrassée par les vagues,
Où il me fut prescrit d'évoquer mon pays,
J'abordai seul avec ce conte,
S'il est vrai qu'il s'agit bien d'un conte,
S'il est vrai que les hommes ne mordent plus
Au vieil appât des dieux ;
s'il est vrai
Qu'après tant d'années un autre Teucros,
Ou un Ajax, un Priam, une Hécube
Ou quelque inconnu sans nom, et témoin cependant
De cadavres jonchant en foule les rives d'un Scamandre,
N'aura pas pour destin d'entendre un messager venu
[lui dire
Que tant de souffrances, tant de vies
Furent englouties en pure perte
Pour une tunique vide, pour une Hélène.

Bibliographie

ÉDITIONS, TRADUCTIONS, COMMENTAIRES

BOLLACK, J. et M. (traduction), Euripide, *Hélène*, Paris, Minuit, 1997.

DIGGLE, J., *Euripidis Fabulae*, t. III, Oxford, 1994.

KANNICHT, R., *Euripides, Helena*, 2 vol., Heidelberg, 1969.

KOVACS, D., *Euripides*, t. V, Loeb Classical Library, 2002.

ÉTUDES D'ENSEMBLE

BARLOW, S., *The Imagery of Euripides*, Londres, Methuen and Co, 1971.

BURNETT, A. P., *Catastrophe Survived*, Oxford, Clarendon Press, 1971.

CONACHER, D. *Euripidean Dram, Myth, Theme and Structure*, Toronto-Londres, Univ. of Toronto Press, Oxford Univ. Press, 1967.

DE JONG, I. J. F., *Narrative in Drama. The Art of the Euripidean Messenger-Speech*, Leiden, E. J. Brill, 1991.

DUNN, F. M., *Tragedy's End. Closure and Innovation in Euripidean Drama*, Oxford, Oxford University Press, 1996.

FUSILLO, M., « Was ist eine romanhafte Tragödie ? Überlegungen zu Euripides' Experimentalismus », *Poetica*, 24, 1992, p. 270-299.

KNOX, B. M. W., « Euripidean Comedy », *Word and Action*, Baltimore, Johns Hopkins Univ. Press, 1979, p. 250-274.

LATTIMORE, R., *Story-Patterns in Greek Tragedy*, Ann Arbor, University of Michigan Press, 1964.

REINHARDT, K., « La crise du sens » (1958), repris in *Eschyle, Euripide*, trad de l'allemand, Paris, Minuit, 1972

ROMILLY, J. de, *L'Évolution du pathétique d'Eschyle à Euripide*, Paris, PUF, 1961.

SEIDENSTICKER, B., *Palintonos Harmonia. Studien zu komischen Elementen in der griechischen Tragödie*, Göttingen, Vandenhoek und Ruprecht, 1982.

VELLACOTT, P., *Ironic Drama. A Study of Euripides' Method and Meaning*, Cambridge, Cambridge University Press, 1975.

WALSH, G. B., *The Varieties of Enchantment. Early Greek Views of the Nature and Function of Poetry*, Chapel Hill et Londres, 1984.

WHITMAN, C., *Euripides and the Full Circle of Myth*, Cambridge (Mass.), 1974.

ÉTUDES CONSACRÉES À *HÉLÈNE*

AUSTIN, N., *Helen of Troy and Her Shameless Phantom*, Ithaca, Cornell Univ. Press, 1994.

BACKÈS, J.-L., *Le Mythe d'Hélène*, Clermont-Ferrand, Adosa, 1984.

CASSIN, B., *L'Effet sophistique*, Paris, Gallimard, 1995.

CLADER, L. L., *Helen. The Evolution from Divine to Heroic in Greek Epic Tradition, Mnemosyne*, Suppl. 42, Leyde, 1977.

DOWNING, E., « *Apate, Agon*, and Literary Self-Reflexivity in Euripides'*Helen* », *Cabinet of the Muses (Mélanges T. G. Rosenmeyer)*, M. Griffiths et D. J. Mastronarde (éd.), Atlanta, Scholars Press, 1990, p. 1-16.

FOLEY, H., « *Anodos* Drama : Euripidis'*Alcestis* and *Helen* », *Innovations of Antiquity*, R. Hexter et D. Selden (éd.), New York, Routledge, 1992, p. 133-160.

GOOSSENS, R., « L'Égypte dans l'*Hélène* d'Euripide », *Chronique d'Égypte*, 20, 1935.

HOLMBERG, I., « Euripides' *Helen* : Most Noble and Most Chaste », *AJPh*, 116, 1995, p. 19-42.

MATTHIESSEN, K., *Electra, Taurische Iphigenie und Helena*, Hypomnemata, 4, Göttingen, 1964.

MELTZER, S. G., « Where is the Glory of Troy ? *Kleos* in Euripides' *Helen*», *Cl. Ant.*, 13, 1994, p. 234-255.

NOVO TARAGNA, S., « Forma linguistica del contrasto realtà-apparenza nell'*Elena* di Euripide », in E. Corsini (éd.), *La polis e il suo teatro*, Padova, 1986-1988, t. I, p. 127-147.

PIPPIN, A. N., « Euripides' *Helen* : A Comedy of Ideas », *CP*, 55, 1960, 151-163.

PUCCI, P., « The *Helen* and Euripides' "comic art" », *Colby Q.*, 33, n° 1, 1997, p. 42-75.

SANSONE, D., « Theonoe and Theoclymenus », *SO*, 60, 1985, p. 17-36.

SEGAL, Ch., « The Two Worlds of Euripides' *Helen* », *TAPhA*, 102, 1971, p. 553-614, traduit et repris dans *La Musique du Sphinx*, Paris, Maspero, 1987.

SOLMSEN, F., « "Onoma and pragma in Euripides' *Helen* », *CR*, 48, 1934, p. 119-121.

WILLINK, C. W., « The Reunion Duo in Euripides' *Helen* », *CQ*, 39, 1989, p. 45-69.

–, « Euripides' *Helen* 164-90 », *CQ*, 40, 1990, p. 77-99.

ZUNTZ, G., « On Euripides' *Helena* : Theology and Irony », *Entretiens de la fondation Hardt*, t. 6, Genève-Vandœuvres, 1960, p. 201-227.

Table

*Ce volume,
de la collection « Classiques en poche »,
publié aux Éditions Les Belles Lettres,
a été achevé d'imprimer
en février 2007
dans les ateliers
de l'imprimerie Jouve
11, boulevard de Sébastopol, 75001 Paris*

*Dépôt légal : mars 2007.
N° d'édition : 6539 - N° d'impression : 422750W*

Imprimé en France

Ce volume,
le cinquante-troisième
de la collection « Classiques en poche »,
publié aux Éditions Les Belles Lettres,
a été achevé d'imprimer
en juin 2012
sur les presses
de la Nouvelle Imprimerie Laballery
58500 Clamecy

Dépôt légal : juillet 2012.
N° d'édition : 7468 - N° d'impression : 207002

Imprimé en France